BERNARDO GONZÁLEZ

CAMBIANDO AL MUNDO DESDE MI INTERIOR

Sesenta experiencias enriquecedoras para vivir

una vida más plena y feliz

MONTABER

Colección: Narrativas
Director: David Soler

Cambiando al mundo desde mi interior
1.ª edición, Galaxia Literaria, 2022, México, ISBN 13: 979-8367-26969-7
2.ª edición, Marge Books, 2023

© 2023, Bernardo González González
© de esta edición, ICG Marge, SL

Edita: Montaber - Marge Books
Brutau, 160 – 08203 Sabadell (Barcelona)
Tel. 931 429 486 – montaber@montaber.es
www.montaber.es

Diseño editorial: Galaxia Literaria
Impresión: Prodigitalk, SL (Martorell, Barcelona)

ISBN edición impresa: 978-84-19109-41-5
ISBN edición digital: 978-84-19109-42-2
Depósito Legal: B 5270-2023

El papel empleado en este libro no ha sido blanqueado con cloro elemental (CI_2).

Bernardo González

Cambiando al mundo desde mi interior

Sesenta experiencias enriquecedoras para vivir una vida más plena y feliz

MONTABER

Contenido

Prólogo

*"Con un pequeño cambio en tu interior, puede
cambiar todo en tu exterior"*
ANÓNIMO

El objetivo de este libro es ayudarte a descubrir lo valioso que eres y ayudarte a transformar tu vida para bien. Te ayudará a descubrir quién eres, a conocerte mejor interiormente, cuáles son tus anhelos más profundos y cuál es tu misión en la vida, mediante ejemplos prácticos y experiencias que la vida me ha dado y que les quiero compartir.

En este libro tendrás una guía para que puedas plasmar por escrito tus más grandes sueños, agradecimientos, experiencias, viajes, familia, proyectos y todo aquello que le da sentido a tu vida.

Mi anhelo es que este libro lo lleves contigo siempre, no solo físicamente sino en tu corazón y en las acciones de tu vida diaria.

Destinamos más de ocho horas al día en nuestros trabajos, escuelas o aquello a lo que nos dedicamos. ¿Por qué no dedicar veinte minutos al día a trabajar en crecer nuestro interior que es lo que realmente vale la pena lograr?

Si estamos bien en nuestro interior, toda nuestra vida resultará favorable, empezando con nuestra familia, que es el centro de la sociedad, y eso es lo que proyectaremos hacia los demás. La vida misma atraerá eso mismo para nosotros.

Estoy convencido que cambiando nuestro interior es la forma que podremos cambiar al mundo para bien, siendo luz en el mundo que ilumine a otras personas a hacer lo mismo.

Gracias por tomarte el tiempo de leer este libro, deseo con todo mi corazón que la vida te regale todo lo que tú le puedas regalar al mundo.

Agradecimientos

A Dios, por darme la vida y regalarme tantas bendiciones.

A mi esposa, por ser mi compañera de vida que me impulsa a ser cada día mejor.

A mis hijos, que llenan de magia mi existencia.

A mis padres, por el amor, los valores, la familia y la educación que me dieron.

A mis hermanos y amigos, que me hacen sentir especial y enriquecen mi vida.

A Luis Socconini, por haberme hecho cambiar mi forma de pensar con sus enseñanzas, trabajo e ideas a través de doce años que he tenido la dicha de trabajar con él.

A Mario Berruti, mi entrenador de tenis en la Universidad, que me enseñó las bases para triunfar en la vida por medio del deporte.

A Laín García Calvo, que a través de sus libros y videos me inspiraron a hacer este libro.

A Nick Vujicic, por su ejemplo e inspiración de una vida sin límites llena de amor.

Al padre Santiago Martín y a los sacerdotes de nuestra comunidad: Chuy, Manuel, Ricardo y Eleazar, que con sus mensajes han llenado de Dios a nuestra familia.

A ti, por tomarte el tiempo de leer este libro.

Acerca del autor

Bernardo González es Ingeniero Industrial titulado de la Universidad Panamericana, con una Maestría en Administración de Negocios de la Universidad de Guadalajara. Desde el 2010, ha sido director administrativo en Lean Six Sigma Institute, una empresa dedicada a ayudar a las personas y a las empresas a lograr ser exitosas a través de certificaciones y asesorías en la metodología Lean Six Sigma, enfocada en ser más eficientes y productivos.

Fue jugador de tenis de alto rendimiento desde los siete hasta los veintidós años y que, en su experiencia, forjaron sus bases para construir una vida plena.

Su pasión está en servir a través de su trabajo, de su familia y de su vida diaria.

Por medio de este libro, el autor quiere compartir sus experiencias más enriquecedoras que la vida le ha dado para ayudar a otras personas a desarrollarse plenamente en sus vidas.

Comprometidos con el mundo

Nunca dudes que un pequeño grupo de personas comprometidas pueda cambiar el mundo. De hecho, es lo único que lo ha logrado.
MARGARET MEAD

En una ocasión, participé en una dinámica dentro de un curso de superación personal que tomé. Éramos alrededor de 300 personas e hicimos alrededor de 10 equipos de 30 personas por equipo. El juego trataba de escoger la combinación de números que sumados dieran la mayor cantidad de puntos.

Cada equipo tenía sus estrategias y decidía qué opción tomaba para alcanzar la mayor cantidad de puntos y al final se exponían los resultados.

Dentro del equipo, uno tenía que primero entender bien el juego, después saber escuchar a los demás y proponer ideas para entre todos llegar a la mejor decisión posible que maximizara los resultados.

Recuerdo que yo, sin antes haber participado en esta dinámica, sentía que tenía la respuesta dentro de mí, que era tomar la combinación de números en la cual, si todos los equipos tomaban esta decisión, obtendríamos el mayor número posible de puntos. Muchos creían que el juego consistía en ser el equipo que más puntos lograra y que se trababa de competir entre los equipos, pero en realidad el juego trataba de lograr el mayor número de puntos entre todos los equipos.

Durante la dinámica, yo expuse mi idea a mi equipo, argumentando que, si todos los equipos pensaban así y tomaban esta decisión, obtendríamos una cantidad de puntos finales mucho mayor a cualquier otra combinación, pero no logré convencer a todos y no insistí mucho en mi idea. Al final el juego terminó y logramos tener pocos puntos entre todos los equipos.

Mi coach del grupo, al final de la dinámica me dijo: "Bernardo, tú tenías la respuesta y fuiste capaz de verla, tienes un liderazgo interno único que si lo sabes utilizar puedes ayudar a muchas personas para que todos ganemos".

Cada uno de nosotros tenemos tanto que aportar al mundo, muchas veces sabemos qué hacer y tenemos la respuesta, pero por nuestra mediocridad no vamos más allá, nos conformamos con nuestro estado de confort, nuestro nivel de vida, nuestro sistema de creencias. Tenemos que salir de todo esto y escuchar a nuestro interior, confiar en nosotros mismos, convencer con nuestro ejemplo y liderazgo para lograr resultados extraordinarios.

En la dinámica hay quienes no tenían idea del juego, no opinaban, no decían nada, no preguntaban. Estas personas son las que la vida las lleva de un lado a otro sin tomar ellas sus propias decisiones de qué hacer ni adonde ir.

Otras personas tomaban el liderazgo del grupo, pero su enfoque era en ganar como equipo y se aferraban a imponer sus ideas y no escuchar a los demás. Estas personas en la vida puede que sean líderes, pero son líderes mal enfocados, en el que el ego está en primer lugar, piensan y actúan desde su manera de pensar pensando que es la correcta, pero muchas veces no es así. Uno tiene que ser capaz de tomar en cuenta la opinión de todos, aunque creas que tienes la razón. Es la capacidad de tener empatía con los demás, ya que todos nos enriquecemos de todos.

Desgraciadamente en las escuelas y en la vida, somos educados para competir, para sobresalir sobre los demás, para ser el mejor de la clase, el mejor en el deporte, el mejor en todo, cuando lo que necesita el mundo es gente comprometida que sepa trabajar en equipo para buscar el bien común, y no para el bien de uno mismo.

Otras personas apoyaban a los líderes, pero eran influenciados y manipulados por lo que los demás decían a su alrededor. Estas personas en la vida son espectadores, ven la vida desde afuera, dejan que otros tomen las decisiones y no son protagonistas de su propia vida.

Otras personas se quejaban de todo, pero no hacían nada ni daban propuestas al equipo. Estas personas son las que ponen excusas para todo, se ponen en el papel de víctimas y no llegan a tener buenos resultados en sus vidas.

Muy pocas personas trataron de pensar y encontrar soluciones diferentes.

Y aquí está la clave y la mayor enseñanza: Si quieres ser de este grupo de personas, necesitamos con nuestro ejemplo y firmeza, convencer a otros para unirnos y hacer una fuerza en la que uno más uno no sea igual a dos, ni dos más dos igual a cuatro.

Si logramos dar este paso, en el que conectas con otra persona que tenga la misma visión que tú y que con tu ejemplo y liderazgo logras empoderar a los demás para que esta persona se convenza por sí misma, lograremos que uno más uno sean diez, dos más dos sean cien, tres más tres sean mil, y diez más diez sean un millón. Actúa como un efecto multiplicador exponencial a gran escala. Pero necesitamos tener una convicción en nuestro interior en la que nada nos detenga y logremos eso que tanto queremos en nuestro interior. El mundo nos lo está pidiendo a gritos, la humanidad lo necesita.

Por esta razón me propuse escribir este libro, quiero llegar al corazón de todas las personas en el mundo y a todas las nuevas generaciones que vengan que quieran pertenecer a este grupo de personas, en la que seamos un equipo que ayude a transformar la vida de millones de personas para bien y logremos un mundo mejor, en el que cada día que Dios nos regala contagiemos a los que nos rodean de valores, amor, fe, esperanza, plenitud y abundancia.

En resumen, esta dinámica me dio los siguientes aprendizajes:

1. El poder para transformar al mundo está en tu interior. Eres único y capaz de aportar algo maravilloso al Universo. Fuiste creado a la perfección y las personas a tu alrededor se contagiarán de tu actitud y energía que tengas ante la vida.
2. Necesitamos primero convencernos a nosotros mismos del camino, voltear a nuestro interior para descubrir la verdadera razón de nuestra existencia, para después mostrarlo al mundo y hacer un efecto multiplicador en la vida de las personas.
3. Como decía Mahatma Gandhi, "tú mismo debes ser el cambio que quieres ver en el mundo".

Acciones concretas para comprometerme conmigo mismo y con los demás. Ejemplos:

- Escribiré este libro con el firme propósito de llegar a los corazones de millones de personas que busquen un mundo mejor y una vida plena y abundante.

- En mi entorno, haré lo posible por desarrollar la capacidad de escuchar a los demás, antes de imponer mi idea.
- Empiezo a buscar el bien común, en mi familia, en mi comunidad, en el mundo, antes de mi propio bienestar.

Escribe lo que harás para lograrlo:

1.

2.

3.

Dibuja un plan o ideas que te ayuden a lograrlo:

El poder de la mente

*Somos transformados por la renovación de
nuestras mentes.*
SAN PABLO

Una noche antes de un partido de liga de futbol de mi hijo Ian, a sus 13 años de edad, mi esposa le dijo a Ian: "Visualízate en tu partido de mañana, ¿cuántos goles quieres anotar?" Ian respondió: "3 goles mamá".

"Entonces crea en tu mente cómo vas a anotar esos goles", respondió mi esposa.

Ian empezó a crear en su mente cómo anotaría los goles. "El primero va a ser de tiro libre mamá", respondió. "El segundo en una jugada de tiro libre y el tercero de penal".

Y se durmió tranquilo con la confianza de que iba a tener un gran partido al día siguiente.

Llegó el día siguiente, ilusionados todos nos fuimos al partido que iniciaba a las 9 am.

En el primer tiempo, un tiro libre a favor del equipo de Ian.

Ian lo cobró como los grandes, al ángulo y dejó parado al portero, golazo! 1-0

Después del gol, el partido se puso difícil e iban perdiendo 3-2, con situaciones adversas complicadas, un árbitro a favor del otro equipo, el equipo contrario cometiendo muchas faltas, etc. Parecía que todo estaba en contra en ese momento.

De repente, un jugador le pasó el balón a Ian, Ian entró al área, y con gran inteligencia burló al portero y le tiró con pierna izquierda a la portería… golazo. Se había empatado el partido 3-3 con una muy buena jugada de todo el equipo.

Faltando 5 minutos para el final, Ian tomó el balón a tres cuartos de cancha, y en lugar de intentar una jugada personal, le da un pase a su compañero delantero que estaba frente al arquero, éste la recibe, le tira y gol. "Le dieron la vuelta 4-3 y ganaron el juego."

Esta anécdota me dio muchos aprendizajes que quiero compartirles:

1. El poder de la mente cuando está conectada con el alma da resultados extraordinarios. Si amas lo que haces y tienes claro cuál es tu propósito, es cuando tu vida se vuelve mágica, todo tiene sentido, logras lo que te propones e inspiras a otros con tu ejemplo. Ian no metió los tres goles, pero metió dos y dio el pase para el gol del triunfo.

2. Cuando aspiras a lograr un 100 de calificación en lo que haces y te apasionas por ello, talvez no llegues al 100, pero llegarás al 90 o 95, a pesar de todas las adversidades que se te puedan presentar. Y si por algo no llegas a donde deseas, lucharás hasta lograrlo y te sentirás bien contigo mismo de haberlo dado todo por lograr lo que querías, y pones en manos de Dios el resto.

3. En el camino se pueden presentar nuevas oportunidades que enriquecen tu propósito. En este caso Ian descubrió que era mejor dar el pase para el gol del triunfo, que intentar meter su tercer gol, lo que resultó mejor porque gracias a esta decisión su equipo ganó.

4. Los logros que tienes en tu vida te impulsan a lograr más y a elevar tu autoestima. Este partido le dio a Ian una gran confianza en sí mismo, el saber que sí puede meter goles si se lo propone, ser líder y colaborar para que su equipo gane. Esto le ha permitido que en los siguientes partidos tenga más confianza para atreverse a hacer cosas grandes y que no tiene límites de hasta dónde puede llegar.

5. Como dice Pablo Picasso: *"Todo lo que se puede imaginar es real"*.

Acciones concretas para poner en práctica el poder de la mente. Ejemplos:

- Un día antes de mi próxima presentación en mi trabajo, me mentalizaré a cómo quiero llevar a cabo la reunión, qué ideas diré y cómo me sentiré, con la confianza que la reunión será todo un éxito.

- Cada día por la mañana, haré 20 minutos de meditación, cerraré los ojos, respiraré profundo y visualizaré la abundancia que quiero tener en mi vida, en el amor, en la salud y en el dinero.

Escribe lo que harás para lograrlo:

1.

2.

3.

Dibuja un plan o ideas que te ayuden a lograrlo:

El impacto de tu ejemplo para los demás

El regalo más grande que le puedes dar a los demás es el ejemplo de tu propia vida.
BERTOLT BRECHT

En la Navidad pasada, vimos en familia una película que me marcó. Se llama Klaus, el mensaje principal para mí es cómo con tu ejemplo, a pesar de todas las dificultades que se te presenten en tu vida, puedes transformar a las personas que te rodean y a su vez, estas personas cambian a sus familias y las familias cambian al pueblo entero. Una luz en medio del mundo puede encender miles y millones de luces en el mundo, empezando una por una, hasta hacer un efecto exponencial con las luces que se van encendiendo logrando llenarlas de la misma energía y sinergia.

A los que vieron la película, el personaje principal es Jesper.

En lo personal, yo quiero ser un Jesper en mi vida, quiero inspirar a los que están a mi alrededor y dejar una huella en el mundo para hacer un mundo mejor... espero que muchos de ustedes también lo quieran ser. ¿Quién se apunta?

Hoy más que nunca tenemos de nuestra mano a la tecnología que nos permite llegar a millones de personas a través de redes sociales, internet, videos, publicaciones, libros digitales e impresos que hace que nuestras acciones que hagamos cada día tengan un efecto multiplicador en todo el mundo, aunque no lo podamos ver. Inclusive con nuestras acciones diarias, aunque parezcan pequeñas, tienen repercusión en todo el mundo.

¿Qué es lo que inspira tu vida?

En lo personal, lo que me inspira en mi vida es mi familia, mi esposa, mis hijos, realizar proyectos que generen abundancia para compartirlo con los demás, alcanzar mis sueños. Dejar un legado con mi familia y mis hijos de amor, valores, abundancia y que se multiplique en sus vidas y en su descendencia.

¿Cómo puedo inspirar a otros?

Con el ejemplo diario mostrando siempre una actitud positiva y siendo empático con los que me rodean.

Acciones concretas para poner en práctica mi ejemplo con los demás. Ejemplos:

- Tendré una mente y actitud de triunfo cada día que me levante, a pesar de cualquier circunstancia.
- Trabajaré cada día en mi propósito de vida con paciencia y perseverancia hasta lograrlo.

Escribe lo que harás para lograrlo:

1.

2.

3.

Dibuja un plan o ideas que te ayuden a lograrlo:

Inspiración

Nadie es como tú, y ese es tu poder.
La inspiración está en ti, solo tienes que mirar
para adentro.
Anónimo

Mi hija Italia, cuando iba a cumplir nueve años, dibujó en una cartulina los días que le faltaban para su cumpleaños, del día 1 al día 20 de agosto que es su cumpleaños.

Cada día que pasaba tachaba el número del día del mes, con una gran ilusión en sus ojos de llegar al gran día.

Al lado del día 20 de agosto, puso un letrero grande que decía: "Te amo vida".

El día de su cumpleaños le organizamos una fiesta sorpresa con sus mejores amigas, y contratamos un servicio de spa para las niñas.

Ese día fue mágico para Italia, un día inolvidable celebrando el día que nació rodeado de sus mejores amigas y su familia.

En mi corazón tengo guardado la cara de Italia con la expresión de sus ojos brillantes, una sonrisa hermosa y una alegría que contagiaba las ganas de vivir y de disfrutar la vida.

También tenemos la costumbre de que, en cada mañana de camino a llevar a mis hijos a la escuela y por las noches antes de dormir, hacemos una pequeña oración dando gracias por algo que nos sentimos agradecidos. En una ocasión mi hija dio gracias por la vida y pidió a Dios poder vivir más de 200 años de vida. En mi interior me sentí feliz de ver a mi hija tan bendecida y llena de tantas ganas de vivir, y que lo transmite a cada momento con su energía y entusiasmo y nos llena de vida a los que estamos con ella.

Este hecho me dio las siguientes alegrías y aprendizajes:

1. La dicha que tenemos de estar vivos y la importancia de ser agradecidos. Podemos hacer tantas cosas con la vida que tenemos, que es un regalo de nuestro Dios creador. Si tienes familia, papá, mamá, hermanos, primos, tíos, abuelos… disfrútalos y quiérelos, es un regalo que la vida te dio.

2. Celebra acontecimientos importantes en tu vida. Nunca olvides celebrar algo importante como un cumpleaños, un aniversario con tu pareja, una graduación, un campeonato o cualquier logro importante que hayas hecho. Son estos momentos los que se guardan en el corazón y se llevan para siempre.

3. Nuestro ejemplo es la proyección que damos a los demás. Si estamos alegres, contagiamos de esa alegría a los que nos rodean; si buscamos el bien de los demás, inspiramos a los demás a sentirse queridos y aceptados. ¿Quieres inspirar a otros o quieres que otros te inspiren en la vida?

Acciones concretas para poner en práctica mi Inspiración con los demás. Ejemplos:

- Cada nuevo día que me despierte, daré gracias a la vida por un día más y valoraré todo lo que la vida y Dios me ha regalado.

- Celebraré mi próximo aniversario de bodas con mi esposa con algo especial, una cena sorpresa o un viaje con mi esposa.
- Empezaré a buscar el bien a los que me rodean, hacer algo cada día que les alegre su día, con una sonrisa, un consejo o una ayuda que necesiten.

Escribe lo que harás para lograrlo:

1.

2.

3.

Dibuja un plan o ideas que te ayuden a lograrlo:

Tu propósito de vida

Tu propósito en la vida es encontrar un propósito, y entregar a él todo tu corazón.

BUDA

Descubriendo mi propósito de vida

A través de mis experiencias y fe que tengo, junto con libros que me han ayudado a descubrirme más internamente, me he dado la tarea de escribir mi propósito de mi vida que le da sentido a todo lo que hago, se los quiero compartir como ejemplo para que ustedes también puedan desarrollar y escribir uno propio:

Mi principal propósito en mi vida es formar a la mejor familia que pueda tener, amar a mi esposa y a mis hijos, acompañarlos en su crecimiento, llenar nuestro mundo de armonía, paz, alegría y amor, vivir cada día con plenitud y generar abundancia para compartirla con mis seres queridos y con las personas más necesitadas.

Quiero ser una bendición para los demás, primero para mi familia y después para todas las personas que conozca, especialmente para las que más necesitan de mi ayuda física, material y espiritual (tiempo, dinero, cosas materiales, oración, una sonrisa, regalarles esperanza y ganas de vivir).

Quiero ayudar a las personas a que tengan una vida tan dichosa como la mía, que logren tener una vida llena de bendiciones y que con ello podamos mejorar al mundo y dejar una huella positiva para las futuras generaciones.

Quiero lograr que mis hijos, nietos, futuras generaciones y personas que me lleguen a conocer, continúen con esta labor de llenar de esperanza, plenitud y abundancia a través de las actividades diarias que cada uno realice.

Quiero llegar a tocar la vida de muchas personas para ayudarles a tener una vida plena, y haré todo lo que está en mis manos para hacerlo realidad, dejando que el Universo haga el resto.

Lo más importante que quiero compartirles es:

1. Tener un propósito de vida hace que tu vida tenga un completo sentido, hace que sueñes en grande y que te enfoques en lograrlo, hace que disfrutes el camino hasta que consigas llegar a la meta. Como dijo Friedrich Nietzsche: "Aquel que tiene un porqué para vivir se puede enfrentar a todos los "cómos".

Vale la pena dedicar un tiempo suficiente para plantearte tu propósito de vida, les recomiendo que lean libros sobre este tema y tomen cursos que te ayuden a descubrir lo que tu alma quiere lograr en tu interior.

En lo personal, he leído varios libros y tomado varios cursos sobre este tema que me han servido para cambiar mi manera de pensar, y me doy cuenta que la abundancia está en darte a los demás, en buscar el bien de los que te rodean, en dejar de pensar en uno mismo y conectarte con las personas y tu mundo que están a tu alrededor.

Pero para ello, primero debemos estar bien con nosotros mismos, conectarnos con nuestra voz interior y dedicar tiempo a nuestro crecimiento personal interno que nos ayude a descubrir el verdadero propósito de nuestra existencia.

Acciones concretas para poner en práctica mi propósito de vida. Ejemplos:

- Generaré proyectos que me apasionen y que pueda generar más ingresos para vivir en abundancia.
- Escribiré un libro que deje una huella positiva al mundo y que sea de utilidad para todas las generaciones que vengan.
- Ayudaré a las personas a hacer un Plan de Vida que les permita descubrir su propósito de vida y logren sus Metas.
- Inspirar con mi ejemplo y logros a los demás.
- Ser un enlace entre instituciones de beneficencia (orfanatos, casas hogar, asilos, casas de inmigrantes, hospitales sociales, etc.) con empresarios y personas que estén dispuestas a ayudar a dichas instituciones. *

En los siguientes capítulos hablaré más acerca de los proyectos actuales que estamos desarrollando con el fin de contribuir a una mejor comunidad, y que queremos extenderte la invitación a participar y contribuir juntos para lograrlo.

Redacta tu propósito de vida:

Escribe lo que harás tú para lograrlo:

1.

2.

3.

Dibuja un plan o ideas que te ayuden a lograrlo:

Obras de caridad

La verdadera caridad es el deseo de ser útil a los demás sin pensar en recompensa.

EMANUEL SWEDENBORG

En el año 2019, mi familia y yo empezamos a visitar a la Casa Hogar Ma. Teresa en Tesistán, Jalisco, México, que alberga a niñas y adolescentes que no tienen un hogar con sus padres.

En la víspera de la Navidad 2019, mi hija Italia cambió su carta que con tanta ilusión le había escrito a Santa Claus pidiéndole los juguetes que tanto quería, por una nueva carta que decía así:

"Hola, Santa, ¿cómo estás? Solo quiero que mi familia sea más y más feliz.

Gracias y que las niñas del orfanato tengan una familia.

Gracias, familia, felices para siempre."

Estoy convencido que al dar un poco de nuestro tiempo y recursos a los demás, recibimos muchísimo más que lo poco que hemos podido ofrecer: nos ha hecho valorar la familia, somos privilegiados de la familia que tenemos y tener a nuestro lado a personas que nos aman tal como somos; y nos han dado muchos aprendizajes:

1. La importancia de llevar alegría y esperanza a quien no ha sido tan afortunado como nosotros, y que podemos influir para bien en sus vidas.

2. A descubrir que existen personas invaluables que viven al servicio de los demás, como las madres de la Casa Hogar que les dan un hogar a las niñas y las educan por el camino del bien para prepararlas para la vida, y que necesitan de ayuda para continuar con su misión.

3. A descubrir que podemos ser luz en el mundo con nuestras obras y ejemplo. En la película Klaus dicen: "Un acto sincero de bondad siempre provoca otro". Y lo he comprobado, cuando unimos esfuerzos con personas que están en la misma sinergia, se multiplican los resultados.

4. A descubrir que, no es lo que tenemos sino lo que somos y a quien tenemos a nuestro alrededor, lo que nos hace felices.

5. A la necesidad tan grande que hay en el mundo para comprometernos con una buena obra, para poner nuestro granito de arena para lograr un mundo mejor y más humano.

Acciones concretas para realizar alguna obra de caridad. Ejemplos:

- Ayudaré a alguien que esté pasando por una necesidad
- Investigaré más a fondo sobre las necesidades de mi colonia y cómo puedo ayudar a las personas más necesitadas que están a mi alrededor
- Siempre cargaré con botellas de agua, frutas y despensas en mi carro y las daré a los inmigrantes e indigentes que cada día me toca ver en mi camino diario a la escuela y trabajo.
- Sonreiré más.

Escribe lo que harás para lograrlo:

1.

2.

3.

Dibuja un plan o ideas que te ayuden a lograrlo:

Manos a la obra. Proyectos en la comunidad

Proyectos actuales al servicio de la comunidad

Actualmente estamos participando en varios proyectos sin fines de lucro, que menciono a continuación. Esto es solo con el fin de invitarlos al que desee participar en el proyecto que más les agrade, para poder con su apoyo lograr un impacto más grande para beneficio de nuestra comunidad:

1. Casa Hogar Ma. Teresa en Tesistán, Jalisco, México.

Queremos poder ayudar cada vez más para formar a niñas y jóvenes para que estén preparadas a triunfar en sus vidas. Se puede ayudar de muchas formas:

- Donación económica o en especie. Para más informes puede ingresar a: https://www.casahogarmariateresa.com
- Visitas a Casa Hogar para llevarles alegría a las niñas, en el que se pueden organizar dinámicas, juegos, kermeses, posadas entre otros eventos para las necesidades propias de Casa Hogar.
- Oración.

2. Inmigrantes e indigentes.

También estamos comprometidos con los inmigrantes que llegan a las afueras de Guadalajara en busca de mejores oportunidades, y los indigentes que se encuentran a diario en nuestra ciudad. Nuestro principal objetivo es llenar de esperanza y apoyo a los inmigrantes e indigentes que vemos a diario. Repartimos despensas con alimentos y productos básicos que les de fuerza en seguir adelante, y sientan que no están solos. Se puede apoyar de la siguiente manera:

- Cada que vayas al súper, comprar productos básicos para armar despensas, y ustedes mismos poder dar las despensas a las personas que se encuentren en las calles o en los cruces de ferrocarril que pasan necesidad. Si no tienes tiempo de armar despensas, puedes simplemente comprar agua embotellada, fruta o sueros que les calme un poco la sed y les de algo de fuerzas en seguir adelante.
- Platicar con ellos, escucharlos y darles esperanza en sus vidas.

3. Apoyo a sacerdotes ancianos y enfermos.

Estamos recientemente iniciando con esta ayuda, que es un segmento que se habla poco y que tiene muchas necesidades también, son personas que han entregado su vida al servicio de Dios y de los demás, y que ahora necesitan de nuestra ayuda. Para más información, puedes mandar un correo a: diocesiscolimaeconomia@hotmail.com

4. Personas como Francisco y Caro.

Tratamos de ayudar a la familia de Francisco y Caro, que pasan por una situación complicada de salud y necesitan de mucho apo-

yo para salir adelante. Comparto un link con un poco de su historia para quien quiera ayudarlos:
https://youtu.be/Z8gRf2Qt2xg
https://youtu.be/61zQWRbanoc

Si deseas ayudar a Francisco, puedes hacerlo comunicándote con Francisco al WhatsApp: 3310737513. Francisco vive en Zapopan, México.

5. Cualquier otra obra que sea para beneficio al prójimo.
Como visita a enfermos en hospitales, visita a parientes enfermos, visita a asilo de ancianos, asistir a las comunidades marginadas, enseñar al que no sabe, emprender proyectos que sean de beneficio para la sociedad y generen empleo, ofrecer buenos sueldos a los empleados, entre otros.

Queremos también llegar a realizar muchos más proyectos que impacten positivamente a la sociedad a través de las generaciones, que permitan transformar la vida de las personas para su realización personal, en el que las personas puedan vivir con una mejor calidad de vida y que podamos dar esperanza al mundo.

En caso de que pertenezcas a una Institución de Beneficencia que esté al servicio de los demás y que necesiten recursos para su subsistencia, o bien que seas un empresario o persona que quieras compartir un poco de lo que la vida te ha dado, puedes contactarme a *bernardoglezglez@gmail.com* para poder ser este enlace y que con tu ayuda logremos cambiar al mundo.

Escribe lo que harás para lograrlo:

1.

2.

3.

Dibuja un plan o ideas que te ayuden a lograrlo:

Sé luz en el mundo

*Toda la oscuridad en el mundo no puede apagar
la luz de una sola vela.*
San Francisco de Asís

Recuerdo a mi abuelita María como contemplaba la naturaleza y disfrutaba tanto lo poco que tenía. Recuerdo como trataba a todos por igual, sin críticas, sin hablar mal de nadie y con una sonrisa siempre para recibirte. Recuerdo como escuchaba a los demás y siempre estaba dispuesta a darte un consejo. Te hacía sentir especial e importante cuando estabas con ella. Recuerdo su alegría, sus ojos llenos de vida a pesar de su avanzada edad, recuerdo que nunca pensaba en ella misma y siempre estaba al servicio de los demás, siempre tan agradecida y viendo el lado bueno de las cosas…

A lo largo de mi vida he conocido a personas que me inspiran y que son luz en el mundo para muchas personas. Me he dado cuenta que estas personas contagian al mundo con su energía, con sus ganas de vivir, con su espíritu incansable de lograr un mundo mejor y que desean profundamente compartirlo con los demás. Yo me quiero unir a estas personas, encender una vela más en medio del mundo y lograr que muchas otras personas también se enciendan. ¿Estás listo para unirte también?

Acciones concretas para ser luz en el mundo. Ejemplos:

- Daré lo mejor de mí en mi trabajo, escuela, familia, conmigo mismo y con los que me rodean.
- Generaré proyectos de alto impacto que dejen una huella positiva en la sociedad.
- Me llenaré de ideas positivas, creativas e inspiradoras para aplicarlas en mi vida diaria y en mi entorno.
- Escribiré un libro que inspire a otros a continuar con esta labor y que perdure en las generaciones futuras.

Escribe lo que harás para lograrlo:

1.

2.

3.

Dibuja un plan o ideas que te ayuden a lograrlo:

Llénate de Dios

Dios no mira como el hombre, por eso te escogió
a ti para grandes cosas.
Anónimo

El Padre Santiago Martín, en una de sus homilías que más me han gustado, que hasta recuerdo el día 18 de junio del 2021 en https://magnificat.tv, mencionó algo que se me quedó grabado en el corazón.

El evangelio fue de San Mateo (6,19-23):

«No os hagáis tesoros en la tierra, donde la polilla y el orín corrompen, y donde ladrones minan y hurtan; sino haceos tesoros en el cielo, donde ni la polilla ni el orín corrompen, y donde ladrones no minan ni hurtan.

Porque donde está tu tesoro allí está tu corazón. La lámpara del cuerpo es el ojo. Si tu ojo está sano, tu cuerpo entero tendrá luz; si tu ojo está enfermo, tu cuerpo entero estará a oscuras. Y si la única luz que tienes está oscura, ¡cuánta será la oscuridad!»

En la homilía, el Padre Santiago mencionó la importancia de llenarte de Dios cada día de nuestras vidas, y dio un ejemplo de cómo hacerlo. Mencionó como cuando quieres sacar el aire de un recipiente vacío, existe un procedimiento químico costoso para hacerlo.

Pero también existe un procedimiento muy sencillo y práctico, que es llenar el recipiente de agua. Una vez que el recipiente se llena de agua, el aire sale completamente del recipiente y es sustituido por el agua.

De esta manera es como debemos dejar entrar a Dios en nuestras vidas, llenarnos de su presencia, de su amor, de su confianza, de fe, de acumular tesoros en el cielo y no en la tierra. Dios quiere que nos vaya bien y seamos prósperos, pero lo que no quiere es que pongamos nuestra confianza en las riquezas en lugar de confiar en Él. Dios quiere que prosperemos, pero esa no debe ser nuestra meta final. La prosperidad vendrá como fruto de la obediencia y la bendición de Dios, pero lo más importante es estar bien con Dios.

En otra ocasión, en una homilía que dio un padre en el pueblito de Miramar, Manzanillo, habló del bautizo de Jesús, en el cual se abrió el cielo y dijo: Tú eres mi hijo amado, en ti he puesto todas mis complacencias. Y después dijo algo hermoso que merece la pena que entre al corazón de cada ser humano. Estas mismas palabras Dios nos las dice a cada uno de nosotros: "Tú eres mi hijo amado, en ti he puesto todo mi amor". Somos hijos de Dios, creados a su imagen y semejanza. Cada ser humano es único, irrepetible, creado a la perfección. Somos más de 8 mil millones de personas en el mundo, y cada uno somos diferentes, cada pupila se crea diferente, ni siquiera la huella digital que es un pequeño espacio de todo el cuerpo es igual en dos personas. Si cada ser humano comprendiera esto, el mundo sería diferente, nos trataríamos mucho mejor unos a otros, nos ayudaríamos más, seríamos más agradecidos, nos trataríamos con más respeto, habría más amor en el mundo.

Este mensaje me dio los siguientes aprendizajes:

1. La vida es plena cuando tenemos a Dios en nuestras vidas.

2. Con Dios todo y sin Dios nada.

3. Somos seres únicos e irrepetibles, lo que hagas tú no lo hará nadie más.

4- Somos hijos de Dios, tenemos un poder creador para tener la vida que queramos, podemos crear cosas maravillosas en nuestras vidas.

Acciones concretas para llenarme a Dios en mi vida diaria. Ejemplos:

- Me llenaré cada día de amor, fe, ilusión, esperanza y dejaré atrás los pensamientos mediocres y negativos.
- Entrenaré a mi mente a tener prosperidad y tener abundancia para compartirla con mis seres queridos y con las personas que están a mi alrededor.

Escribe lo que harás para lograrlo:

1.
....

2.
....

3.
....

Dibuja un plan o ideas que te ayuden a lograrlo:

Venimos a brillar

Vas a brillar quizás no ahora, pero un día te
levantarás y nada podrá apagarte.
Anónimo

La semana pasada, nuestra hija Italia llegó súper emocionada de su escuela dándonos la noticia de que había sido seleccionada en su escuela para participar en un concurso a nivel nacional en la Ciudad de México próximamente en noviembre, en donde les preguntarán acerca de diferentes temas académicos. Como padres nos sentimos muy orgullosos de ella, a lo largo de su vida nos ha dado gratas sorpresas, como cuando ganó su primer concurso de gimnasia rítmica, o cuando ganó su premio de excelencia en tercero de primaria, o el día en que nació y brillaban sus ojos llenos de ilusión por vivir, o cuando ha participado en los festivales navideños y en sus obras de teatro…

Platicando con mi esposa, en un inicio dudamos si la dejaríamos ir a la Ciudad de México para participar en dicho concurso, mi pequeñita de diez años viajando sola por primera vez sin sus papás a la Ciudad de México…

Pero llegamos a la conclusión que debemos como padres apoyarla en la medida de nuestras posibilidades. No podemos detener ni truncar sus sueños, se va abriendo camino a su propia vida llena de ilusiones y retos nuevos. El que esté llena de entusiasmo la llena de vida y sé que eso la hace feliz. Y es que cuando uno hace lo que le apasiona en la vida es cuando encuentra una felicidad plena y eso es lo que queremos para nuestros hijos.

La clave está en darnos cuenta de la importancia de invertir nuestro tiempo en cosas que nos den y nos multipliquen, en enfocarnos en aquello que realmente queremos vivir y lograr. El 90% del éxito de las personas pasa en el interior, en cómo reaccionamos ante lo que nos pasa lo que nos determina si crecemos o retrocedemos en la vida.

Si vemos la vida con ilusión y como una oportunidad de brillar, esto nos hará reaccionar favorablemente ante cualquier situación que nos pase en la vida y nos abrirá el camino para una vida plena, en donde los obstáculos se convierten en oportunidades para crecer y ser mejor cada día.

Este hecho me dio los siguientes aprendizajes:
1. Vivir la vida sin miedo, luchar por nuestros sueños siempre en búsqueda de nuevas oportunidades.
2. A entusiasmarnos por la vida.

Acciones concretas para brillar y hacer que otros brillen. Ejemplos:
- Apoyar a nuestros hijos en lo que más les apasione.
- Ver cada día como una oportunidad para brillar en mi entorno, para amar más, para sonreír más, para disfrutar más, para compartir más.

Escribe lo que harás para lograrlo:

1.

2.

3.

Dibuja un plan o ideas que te ayuden a lograrlo:

La ley de la atracción

En Semana Santa de marzo de 2005, asistí a un curso de superación personal que me había recomendado uno de mis mejores amigos de la universidad. Algo dentro de mí me decía que debía tomar el curso que implicaba regresarme de mis vacaciones en la playa que estaba tomando con mi familia en ese momento.

Le hice caso a mi voz interior y me regresé a Guadalajara a tomar el curso.

Estando en el curso hice una declaratoria de mis tres objetivos principales que quería lograr en mi vida. El primero de ellos era encontrar a la mujer de mis sueños y formar una hermosa familia. Ese era mi objetivo principal. Lo anhelaba desde lo más profundo de mi corazón, se lo había pedido a Dios toda mi vida y estaba convencido que la iba a encontrar, y mi energía vibraba en esa dirección. El segundo objetivo era emprender un negocio propio, y el tercero era vivir la vida plenamente.

En poco tiempo logré mis tres objetivos que me propuse, y cada día agradezco a Dios por haberlos alcanzado y por haberme puesto en el momento preciso para lograrlos, especialmente el primero de ellos. ¿Cómo sucedió?

Por otro lado, Ileana, quien estaba participando como *coach* voluntaria del curso, quería un cambio en su vida, tenía fe de encontrar a un hombre que la amara, y estaba en la misma vibración de energía que yo. Había orado toda su vida por ello, a pesar de momentos difíciles que había pasado.

En ese día que hice mi declaratoria de objetivos y después de realizar una dinámica que contaré más tarde, Ileana se me acercó al final y me dijo: Bernardo, espero que encuentres a la niña de tus sueños y me dio un abrazo.

Lo demás es toda una historia de amor que contaré en otro momento, pero en resumen ese día conocí al amor de mi vida, ahora mi esposa, y estamos por cumplir 16 años de casados con dos hermosos hijos y felices de la vida que llevamos juntos. Ha sido la mejor decisión que he tomado en mi vida.

Mi esposa y yo sembramos las semillas hace casi dieciocho años, y ahora estamos recogiendo los frutos de este gran amor y hemos vivido experiencias gratificantes más allá de lo que pudimos haber soñado.

Como diría Paulo Coelho en su libro *El Alquimista*:

Por lo tanto, te amo porque el universo entero conspira
para ayudar a que te encuentre.

En otra ocasión, estando de vacaciones en la playa recientemente, mi hijo quería una pelota o balón para jugar en la playa, y en ese momento no había algún lugar cerca para poderla conseguir. Me decía una y otra vez, en mi mente era prácticamente imposible conseguir una pelota a esas alturas, pero al poco tiempo mi hijo Ian regresó con una pelota en sus manos y me invitó a jugar. Se la había encontrado en el mar, estuvo preguntando de quién era, pero no apareció dueño, así que mi hijo tuvo su premio al encontrar lo que estaba buscando con todo su corazón. Pareciera que tuvo suerte, pero es que cuando uno quiere algo verdaderamente, busca todos los medios que tiene para alcanzarlo, y no hay nada imposible para lograrlo. De hecho, deberíamos eliminar la palabra imposible en nuestra mente, ya que todo es posible para el que cree y uno atrae lo que realmente desea desde su corazón.

También recuerdo que cuando yo era niño, en una ocasión estaba de vacaciones con mis papás y hermanos, íbamos todos juntos sobre la avenida principal en Puerto Vallarta en una Combi que mi papá tiene (que por cierto actualmente la conserva como una reliquia en la familia), eran alrededor de las diez de la noche y mi papá nos pidió que cerráramos los vidrios de la Combi por seguridad, textualmente nos dijo: "Cierren los vidrios, no sea que alguien nos aviente un huevo".

Mis hermanos y yo le dijimos a mi papá: "no inventes papá, quién nos aventaría un huevo estando en Puerto Vallarta". Pero mi papá siempre ha sido sumamente precavido y exagerado con la seguridad, así que le hicimos caso.

Ya se imaginarán lo que pasó después. Al menos del minuto que cerramos las ventanas del vehículo, alguien desconocido aventó dos huevos que se estrellaron en la ventana del lado del conductor, donde estaba mi mamá. Algo increíble pero cierto, parece algo exagerado y difícil de creer, pero si te pones a mirar lo que te ha pasado en tu vida, te darás cuenta de que tú atraes lo que deseas y piensas, sea bueno o malo.

Una última anécdota que me pasó hace poco, cuando iba conduciendo de camino a la escuela por mis hijos, acababa de llamarle a un amigo que está pasando por una situación complicada en su familia por la enfermedad de su esposa que lo demanda al 100%, y estaba pensando cómo poder ayudarlo a darle esperanza, fe y amor con actos sencillos que están a mi alcance. Cuando iba llegando a la escuela, mi mirada se enfocó en una calcomanía que decía Fe-Esperanza-Amor que estaba justo enfrente de mí, en la parte trasera de la camioneta que estaba delante de mí. Eso que justo estaba pensando en mi mente en ese preciso momento, lo estaba viendo en una calcomanía delante de mí. Pareciera una coincidencia y podrás decir que fue casualidad, pero es algo que sucede queramos o no, en formas diferentes o en distintas situaciones, pero la vida siempre nos da aquello que buscamos y creemos con fe.

Qué poderosa es la mente, de ahí la importancia de enfocarla correctamente para lograr resultados extraordinarios en nuestra vida. Nosotros atraemos lo que pensamos y queremos en nuestras vidas, y nos cruzamos con gente que está en la misma sintonía que nosotros.

Todo esto me ha dado los siguientes aprendizajes:
1. Nuestro exterior refleja cómo es nuestro interior.
2. Atraemos lo que nosotros proyectamos.
3. El poder de la fe es impresionante y crea milagros cuando realmente lo crees. En nuestro caso, creó el milagro de unirnos y generar dos nuevas vidas de seres extraordinarios que no existían, nuestros hijos Ian e Italia, que nos llenan de magia cada día de nuestras vidas.
4. Si sigues la voz de tu interior, nunca te equivocarás.
5. Nos convertimos en lo que pensamos.

Acciones concretas para atraer lo que queramos. Ejemplos:
- Todas las mañanas realizaré 20 minutos de meditación para atraer la abundancia y prosperidad a mi vida.

- Me llenaré de pensamientos positivos que me hagan creer que todo es posible y todo lo puedo lograr.
- Transmitiré esto a mi familia para todos estar en el mismo nivel de vibración y energía para lograr juntos nuestros objetivos que nos hemos planteado como familia.

Escribe lo que harás para lograrlo:

1.

2.

3.

Dibuja un plan o ideas que te ayuden a lograrlo:

El arte de disfrutar la vida

Anónimo

Mi abuelo, en paz descanse, decía: "La vida es muy bonita, pero hay que saber vivirla".

Esto me ha hecho reflexionar y disfrutar al máximo cada momento que la vida nos regala, quisiera compartirles algunas experiencias enriquecedoras que he tenido a lo largo de mi vida.

Paseo con Italia

Cuando mi pequeñita Italia tenía 5 años, salimos a caminar afuera del coto de nuestra casa. Todas las tardes que llegaba del trabajo Italia me decía: "Ya estoy lista para irnos papá".

Al salir a caminar, sus ojos se llenaban de luz y emoción, y cuando miraba a la luna me decía: "mira papi como me sigue la luna". Corría y corría y la luna la seguía, iluminando el atardecer más Italia que la misma luna.

Paseo en los carritos

Esta experiencia fue increíble. Ian en su Rayo McQueen e Italia en su carrito Katherine.

Como no tenían pila los carros eléctricos, amarramos una soga a ambos carros para empujarlos con la soga y salíamos a pasar en el coto donde vivimos, jugando carreritas y al fondo del paisaje una luna hermosa. Recuerdo la sonrisa de mis hijos riéndose a carcajadas, fue una conexión y un momento inolvidable que llevo en mi corazón.

Navidad en Ciudad Granja

La víspera de navidad del 2016, fuimos a comprar el árbol de navidad llenos de emoción porque llegaría pronto la navidad. Mi esposa y yo bajamos del carro el árbol de navidad y lo metimos dentro de la casa, recuerdo muy bien como Ian e Italia estaban brincando de emoción y cantando una canción de navidad, los dos felices abrazándose.

Inmediatamente al poner el árbol de navidad, Ian e Italia lo decoraron con peluches y escribieron una carta al niñito Dios, y pusieron su carta en el árbol.

Comida con mis primos

En octubre de 2021, mis primos de San Diego vinieron de visita a Guadalajara y fuimos a comer a un restaurante que se llama La Casa de los Platos.

Lo más bonito fue la convivencia que tuvimos, rodeado de una excelente comida y un mariachi que nos hizo disfrutar mucho ese momento.

Vacaciones en la playa

Estando de vacaciones en Manzanillo, no hay cosa que disfrute más que estar en el mar con mi familia, disfrutando de la vista, las olas del mar, la compañía, la abundancia que hay con tanta agua, aire, palmeras, montañas, estrellas, luciérnagas en la noche... es como conectarte con la naturaleza y sentir el amor tan grande que Dios nos tiene y que quiere lo mejor para nosotros.

Estas anécdotas, además de disfrutarlas mucho, me dieron los siguientes aprendizajes:

1. La vida está hecha de momentos que hay que saber vivir y disfrutarlos. Tesoros invaluables que llenan nuestro corazón para siempre. Por más sencillos que parezcan están rodeados de experiencias inigualables si las sabemos aprovechar y disfrutar.
2. Debemos ser como niños, con esa alegría e ilusión que están llenos los pequeños por la vida y por disfrutar cada instante que tienen.
3. Si tienes la dicha de ser papá, disfruta a tus hijos cada instante que tengas con ellos porque el tiempo vuela, no dejes de jugar con ellos por el trabajo o por tus amigos, ellos son lo más importante que tienes y te necesitan.
4. Hay momentos para celebrar con tus seres queridos una buena comida y buena música que alegran la vida, no dejes de disfrutar estos momentos.

Acciones concretas para disfrutar más la vida. Ejemplos:

- Empezaré a disfrutar más el presente, aquí y ahora, dejando el pasado atrás.
- Realizaré ejercicios de Mindfulness para conectarme con mi presente y con mi respiración. (Les recomiendo un curso que tomé sobre este tema y me ayudó a conectarme más con mi presente, lo pueden encontrar en https://liberamindfulness.com)

- Daré prioridad a mis hijos para convivir más con ellos, y me llenaré de alegría e ilusión con su energía que me transmiten.

Escribe lo que harás para lograrlo:

1.
....

2.
....

3.
....

Dibuja un plan o ideas que te ayuden a lograrlo:

Actitud de servicio

*La gente olvidará lo que dijiste, la gente olvidará
lo que hiciste, pero la gente nunca olvidará cómo
los hiciste sentir.*
Maya Angelou

En mi primer trabajo que tuve, nunca olvidaré el día en que el director de la empresa me llamó y me dijo: Bernardo, me comentó Gabriel (que era el mejor vendedor de la compañía en ese momento), que gente como tú es la que necesitamos en el área de servicio al cliente. Yo estaba en otra área que veía los Procesos de toda la compañía con el fin de mejorarlos y aportar nuevas ideas para ser más eficientes. Le pregunté al director que porqué me lo decía, y me dijo que Gabriel estuvo una mañana escuchándome al lado del mostrador y veía cómo yo atendía a los clientes y recibía las llamadas.

Yo no tenía experiencia en el área de servicio al cliente ni tampoco dominaba todavía los productos y servicios que ofrecíamos a nuestros clientes, acababa de entrar a la empresa y estaba tratando de aprender lo más posible de todas las áreas para poder aportar después mis ideas y mejoras. Las personas que estaban en el área de servicio al cliente tenían más de cinco años cada uno en dicha área, y sin embargo algo había hecho diferente a ellos.

Después de esto, hicimos un proyecto para visitar a las distintas sucursales en México que la empresa tenía en ese momento, para capacitar y hacer mejoras en todas las áreas y procesos de la organización, ya que el servicio al cliente no es un departamento, sino una actitud.

Como diría Wiston Churchill: *"La actitud es una pequeña cosa que marca una gran diferencia"*.

Este hecho me dio los siguientes aprendizajes:
1. Me di cuenta que la actitud de servicio es lo que define a las personas y es el valor más importante que podemos ofrecer a los demás.
2. El servicio es una actitud hacia la vida, es dejar de pensar solamente en uno mismo y pensar en los demás.
3. El que no vive para servir, no sirve para vivir.
4. La única diferencia entre un buen día y un mal día, es tu actitud.

Acciones concretas para tener una actitud de servicio con los demás. Ejemplos:
- Cada día pensaré y actuaré en cómo puedo alegrar a los que me rodean.
- Trataré a los demás como quisiera que me trataran.
- Pensaré antes de hablar y escucharé antes de pensar.

Escribe lo que harás para lograrlo:

1.

2.

3.

Dibuja un plan o ideas que te ayuden a lograrlo:

Agradecimiento

Bob Proctor

He observado como las personas agradecidas son las que más disfrutan de la vida, las que ven con ojos de amor todo lo que les rodea, las que ven a la vida misma como un milagro y como el mejor regalo que Dios les dio.

Al encontrarme con personas agradecidas, te hacen sentir mejor, generan un ambiente en donde uno se siente feliz de estar con esa persona. Y no solo eso, sino que te inspira a que quieras ser como esa persona.

La virtud del agradecimiento es algo fundamental en nuestras vidas, que no lo olvidemos, seamos agradecidos con todo lo que somos y lo que tenemos, para que, con nuestro ejemplo, nuestros hijos y las personas a nuestro alrededor, aprendan también a ser agradecidos.

Este hecho me dio las siguientes alegrías y aprendizajes:
1. La importancia del agradecimiento en todo lo que hago.

Acciones concretas para vivir mi vida con agradecimiento. Ejemplos:

- Desde que me levanto, doy gracias por un día más de vida.
- Al comer, doy gracias por los alimentos.
- Antes de dormir, agradezco por el día vivido.
- Agradezco a los que me rodean de lo que hicieron por mí en ese día.

Escribe lo que harás para lograrlo:

1.

2.

3.

Dibuja un plan o ideas que te ayuden a lograrlo:

El milagro de la vida

El verdadero milagro de la vida no está en hacer algo milagroso, sino en darse cuenta de que la vida ya es un milagro.

Sᴀᴅʜɢᴀᴋᴇᴇ

A lo largo de mi vida, me he dado cuenta de que cada minuto de mi vida es un milagro que no se repite. ¿Qué fue lo que nos creó? ¿Cómo es posible que tengamos vida? ¿De dónde venimos? ¿Hacia dónde vamos?

Talvez nuestra rutina diaria no nos hace ver que la vida es un milagro, el mundo nos envuelve en el trabajo y las obligaciones diarias, y dejamos de ver que la vida es un regalo y el mayor milagro que hemos recibido del creador.

El milagro de tener vida, el milagro de sentir, de amar, de pensar, de crear, de disfrutar, de dar vida… es algo maravilloso que no tiene otra explicación más que el amor tan grande que tiene nuestro Creador hacia nosotros.

En lo personal veo crecer a mis hijos y me pregunto, ¿cómo es posible que existan dos seres humanos hermosos que nacieron fruto del amor de mi esposa y mío? ¿Y cómo es posible que cada día crezcan en lo físico, en lo mental y en lo espiritual, que estén tan llenos de energía y con tantas ganas por vivir, siendo que antes

"

no existían en el mundo pero que en mi corazón siento que siempre los he conocido?

Somos seres humanos creados a la perfección. Cada vida es un universo dentro de sí, si nos diéramos cuenta de la grandeza de nuestro ser, cómo funciona y lo maravillosa que es la propia vida, no desperdiciaríamos ni un segundo de nuestras vidas. Nuestra vida es el universo mismo creado a la perfección, que se transmite en energía y el poder creador que Dios nos ha dado para crear cosas maravillosas en el mundo. Cada creación se vuelve un milagro de Dios, en la que, a través de darnos la vida, nos ha dado la capacidad de crear.

Somos el reflejo más grande que Dios existe y del amor tan grande que nos regala. Somos un pedacito del creador que nos transmite su energía para crear un mundo maravilloso.

Les quiero compartir este poema que me encantó:

> *La vida es un milagro de Dios.*
> *Respirar es una dicha,*
> *Sufrir es una pérdida,*
> *Amar es un privilegio,*
> *Triunfar es una meta,*
> *Vivir es un reto,*
> *Soñar es una obligación,*
> *Reír es un propósito*
> *Y tu compañía…*
> *¡Una bendición para mí!*

Uno puede ir creando los milagros que quiera en sus vidas. Si realmente lo quiere y lo cree, la vida misma se lo dará, ese es el poder de la fe sin límites.

Pongo un ejemplo concreto: me he propuesto crear este libro durante este año y hacerlo realidad. Actualmente es algo que no existe, pero lo veo en mi mente, me enfoco en ello, creo un plan de trabajo constante hasta cumplir este sueño. Es un milagro si lo logro porque es algo que no existe y lo estoy creando. Así es como funcionan los milagros, por pequeño que parezca, consiste en crear algo que no existe, creyendo plenamente en él y poniendo todo tu empeño en lograrlo.

Seamos una bendición para los demás con nuestra propia vida.

Todo esto me ha dado los siguientes aprendizajes:
1. Cada uno de nosotros somos el milagro más grande del mundo.
2. Tenemos la capacidad de crear, y al crear podemos hacer el milagro que queramos si realmente lo creemos dentro de nosotros.
3. La vida es hermosa, es el mayor regalo que Dios nos dio.

Acciones concretas para darme cuenta del milagro de la vida y defenderla. Ejemplos:
- Cada día al despertar me doy cuenta de que la vida es un regalo y agradezco a mi creador por un día más de ese regalo que me dio.
- No desperdicio mi tiempo. Lo aprovecho de la mejor manera en mi trabajo, en mi familia, en lo personal.

- Con mi actitud y ejemplo, reflejo una parte de mi creador en mí y lleno a los demás de esperanza.

Escribe lo que harás para lograrlo:

1.

2.

3.

Dibuja un plan o ideas que te ayuden a lograrlo:

La familia

Un hombre verdaderamente rico es aquel cuyos hijos corren a sus brazos cuando sus manos están vacías.

Anónimo

Recuerdo hace algunos años que regresé de un viaje que tuve de trabajo en San Diego, y al llegar al aeropuerto de Guadalajara me estaban esperando mi esposa junto con mis dos hijos, Ian e Italia, y se vinieron corriendo hacia a mí con una emoción y sonrisa que nunca se me olvidará, me abrazaron fuerte como si no me hubieran visto en un año, con mi esposa al lado llena de emoción por abrazarme. Me hicieron sentir cuanto la vida me ha bendecido con la familia que me dio.

Cada día mi esposa y mis hijos me hacen sentir todo el amor que la vida tiene para mí, como si Dios estuviera presente a cada instante y me hiciera sentir lo especial que soy para Él. Me hacen sentir que el lugar más hermoso en la Tierra es el hogar que hemos formado juntos, sea cual sea la casa en donde vivamos o el lugar en donde nos encontremos.

Y es que la bendición más grande que Dios y la vida nos pudo haber dado es a nuestra familia. Hay una frase que me gusta mucho que dice así:

La familia es donde la vida comienza y el amor nunca termina.

Todo lo que damos a la vida, la vida nos lo regresa al 1000 x 1 a través de bendiciones, una y otra vez. Yo decidí amar a mi esposa con todo mi corazón y amar a mi familia, y la vida me ha dado una familia llena de amor. No conozco algo más hermoso que abrazar a mi familia y sentirnos amados entre nosotros. De saber que pase lo que pase, ahí estará mi esposa a mi lado junto con nuestros hijos, y yo estaré para ellos, físicamente mientras tengamos vida, y en el corazón cuando ya no estemos en este mundo.

Y es que, si queremos cambiar la sociedad, todo empieza por la familia. La familia es y será siempre el centro de nuestra sociedad, de ahí la importancia de formar familias con valores y llenas de amor para compartir.

Hace tiempo leí un libro que contaba una anécdota de un papá que todas las noches le decía a su hijo lo extraordinario que era. Y cuando una noche su papá no le dijo nada, el hijo le preguntó que porqué esa noche no le dijo que era extraordinario. Se había acostumbrado a recibir esas maravillosas palabras de su papá, y sentía realmente que era extraordinario, con un sentimiento tan hermoso que cuando no lo escuchó sintió que algo le faltaba.

Y es que cada día o nos llenamos de cosas positivas que nos hacen crecer, o nos llenamos de cosas negativas que nos hacen retroceder, no hay medias tintas, o creces o te estancas.

De ahí la importancia de que todo lo que hagamos y digamos sea un reflejo positivo de nuestro interior, porque es como influiremos en nuestros hijos y en los demás. Yo trato de decirles a nuestros hijos en las noches que estoy muy orgulloso de ellos, y cada vez que lo hago me sonríen y se duermen con una sonrisa en su rostro. Sé que eso los llena de paz, amor y seguridad, y que ellos transmitirán paz, amor y seguridad a los demás.

Sé que, si mis hijos reciben amor, ellos serán capaces de dar amor y compartir lo que son con los demás. Si reciben perdón en casa, sabrán perdonar a los demás.

Por el contrario, si reciben odio y rencor, se llenarán sus corazones de enojo y odio y eso mismo darán a los demás. Todo lo que somos es un reflejo de lo que recibimos, y eso mismo es lo que damos al mundo.

Si queremos hijos felices, debemos esforzarnos como padres en que nuestros hijos se sientan amados tal como son, se sientan aceptados y valorados dentro de la familia, que perciban un ambiente de paz y armonía para que cada que lleguen a casa, se sientan en el lugar más seguro y feliz que puedan estar.

Dios nos dio este hermoso regalo de la familia, y está en nosotros mantenerla en armonía.

Regar a diario este hermoso jardín que la vida nos ha dado para siempre mantenerlo floreciendo. Los hijos aprenden lo que viven en casa.

El año pasado mi esposa y yo cumplimos quince años de casados. Hicimos una misa de acción de gracias y un evento pequeño pero muy bonito con nuestra familia directa y amigos cercanos en Chapala. Quisimos celebrar y dar gracias de haber vivido estos quince maravillosos años.

Desgraciadamente más del 50% de matrimonios no llegan a los quince años. Y los que llegan, no todos viven felices. Dios nos pone en bandeja de oro a la familia y todos los medios para vivir una vida llena de abundancia y felicidad, pero si no hacemos lo que nos corresponde y la descuidamos pensando en nosotros mismos antes del bien de nuestra familia, terminamos con la máxima muestra de amor que Dios nos quiere regalar.

Esforcémonos en formar familias felices y contribuiremos al mundo con hijos que aporten un valor único a la sociedad. Pongamos nuestro granito de arena en llenar a nuestra familia de valores para darle eso mismo al mundo. Es el mejor regalo que le podemos dar a nuestros hijos.

Recordemos que lo más importante en la vida no es lo que tenemos, sino a quien tenemos. Como dice George Moore:

Un hombre viaja alrededor del mundo para buscar lo que necesita y vuelve a su hogar para encontrarlo.

Este hecho me dio las siguientes alegrías y aprendizajes:
1. La familia es el centro de la sociedad y la base para forjar una sociedad mejor.

Acciones concretas para cuidar a mi familia. Ejemplos:
- Hoy les diré cuánto los amo y lo que significan para mí.
- Haré acciones para demostrarles el amor que les tengo y daré lo mejor de mí para mantener a mi familia unida y darles la mejor vida posible.

Escribe lo que harás para lograrlo:

1.

2.

3.

Dibuja un plan o ideas que te ayuden a lograrlo:

Amistad

Una amistad no crece por la presencia de las
personas sino por la magia de saber que aunque
no las ves las llevas en el corazón.
ANÓNIMO

Dicen por ahí que los amigos son un tesoro, y que una vez que los tienes hay que cuidarlos y se quedan en el corazón para siempre.

Mis dos mejores amigos no viven en Guadalajara, que es el lugar en donde vivo y en donde los conocí. Mi mejor amigo se llama Pedro Damy y vive en Puerto Vallarta, allá hizo su vida saliendo de la universidad y formó una hermosa familia con tres hijos. Aunque nos vemos poco, siempre lo tengo presente en el corazón y cuando nos hablamos es como si sintiera que nos vimos ayer y que hemos pasado tantas experiencias juntos.

Pedro me hizo descubrir ese sentimiento de libertad que le hacía falta a mi vida cuando era joven. Una libertad responsable y muy padre, momentos de juventud que uno vive y se recuerdan para toda la vida… ha sido mi amigo desde que tenía diez años, jugaba tenis también, coincidimos en el equipo de tenis de la Universidad Panamericana, organizábamos carnes asadas los fines de semana, salimos a fiestas juntos, hicimos viajes juntos, tanto de solteros como con nuestras respectivas parejas, ha sido como un hermano para mí.

Me hizo ver que vale la pena disfrutar de la vida, que no todo es estudio, esfuerzo, trabajo y dedicación. Que también es importante festejar los logros y los buenos momentos que la vida te da, y que la amistad es el mayor tesoro que podemos ofrecernos mutuamente.

Recuerdo que cuando iba a cumplir un año de noviazgo con Ileana (ahora mi esposa), yo estaba muy enamorado pues sentía que había encontrado al amor de mi vida y estaba convencido que quería casarme con ella para empezar a formar una vida juntos. Era algo que siempre soñé y que se estaba haciendo realidad. Le quería regalar a mi novia el anillo de compromiso al cumplir nuestro primer año de novios, hacer algo especial y pedirle que fuera mi esposa.

Yo acababa de cerrar un negocio que había puesto y que no funcionó como lo esperaba y estaba en busca de trabajo, y me había quedado sin ahorros porque había invertido todo en mi negocio, estaba prácticamente en ceros. A pesar de eso, me atreví a dar el siguiente paso para proponerle matrimonio a quien ahora es mi esposa y empezar desde cero, lo cual nos ha servido para valorar cada logro que tenemos.

Mi buen amigo Pedro me acompañó a escoger el anillo de compromiso, y recuerdo que me dijo: "Si estás convencido de que ella es el amor de tu vida, ni siquiera lo dudes, compra el anillo, sé feliz con ella y el dinero vendrá después".

Los consejos de un buen amigo se quedan grabados en el corazón. La amistad y el amor todo lo puede, y es algo que te motiva a dar lo mejor de ti mismo para salir adelante.

Mi segundo mejor amigo, Luis Aguilera, compañero de la universidad, ahora vive en Seattle, con una familia hermosa con su esposa y tres hijos. Tiene un excelente trabajo en Microsoft, y aunque está a miles de kilómetros, cuando hablamos lo siento cerca como cuando platicábamos en la universidad. Cada quien siguió su camino, pero siempre lo llevo en mi corazón por todo el aprendizaje que me dio y que me abrió sus puertas con su familia y con su ser, un ser extraordinario. La energía de Luis hizo que entrara a un curso de superación personal que Luis había tomado y que me invitó a tomarlo en el 2005. En dicho curso conocí a una mujer hermosa y extraordinaria, fuera de lo común, que se convirtió en el amor de mi vida, ahora mi esposa, por lo que le agradezco a Luis infinitamente su amistad ya que mi vida cambió para bien desde aquel momento.

Las buenas amistades guían tu camino y te abren las puertas a una vida llena de bendiciones. Nicolás Maquiavelo decía: *Cuando uno ha sido un buen amigo, encuentra buenas amistades aun a pesar suyo.*

Así que seamos buenos amigos con los que nos rodean, que en nosotros encuentren al amigo que buscan y que necesitan de apoyo en sus vidas, y la vida nos dará amigos valiosos también. No importa la cantidad, sino la calidad de amigos que tengamos.

Este hecho me dio las siguientes alegrías y aprendizajes:
1. Un amigo es un tesoro, cuidemos a nuestros verdaderos amigos.

Acciones concretas para ser un buen amigo. Ejemplos:
- Frecuentaré más a mis verdaderos amigos.
- Me esforzaré por ser un buen amigo que deje una huella positiva para los demás.

Escribe lo que harás para lograrlo:

1.

2.

3.

Dibuja un plan o ideas que te ayuden a lograrlo:

Fe

La fe es la certeza de lo que se espera, la
convicción de lo que no se ve.

Hebreos 11:1

Como comentaré en el tema *Cree en ti*, cada uno de nosotros genera la abundancia que quiera tener conforme a lo que sueñas y te propones, somos tan grande como nuestros sueños. La fuerza que tienes dentro de ti es lo que te hará alcanzar todo lo que puedas soñar. Y es que en la vida no se obtiene lo que deseas, sino obtienes lo que crees.

La fe es tener la certeza de que lo que crees sucederá, y que ya está sucediendo porque tus acciones y tus creencias hacen que se conviertan en realidad. Cuando uno tiene verdadera Fe, sabe que todo es posible, no hay ningún tipo de límites para lograr todo lo que se propone.

El mundo necesita personas con almas magnánimas, con un sueño tan grande que nada los venza y que con ello puedan crear un mundo diferente lleno de amor, salud y trabajo en su entorno.

La fe forma parte de los tres más grandes regalos que podemos dar a la humanidad: Fe, esperanza y amor. Soy creyente del mensaje que Jesús de Nazaret trajo al mundo:

"Tu fe te ha salvado". Cuando uno tiene fe todo es posible y sucede lo imposible.

"El que crea en mí vivirá para siempre". Si creemos en su mensaje, nuestra alma se expandirá cada día de nuestras vidas y viviremos el reino que nos tiene preparado para los que creemos en él. Inclusive, en mi experiencia, ya lo estamos viviendo en este mundo que nos regala.

Tengo fe que este libro pueda mover el alma de las personas y les ayude a crecer. Pongo todo mi corazón y empeño en hacerlo realidad, y dejaré al universo que haga el resto. Si crees que este libro pueda ayudar a los demás, regala este libro de ahora en adelante a quien creas que se pueda beneficiar de él, puedes ayudar a alguien como no te imaginas con un buen libro. Eso me pasó a mí y siento que la manera de contribuir al mundo, es escribiendo este libro dando lo mejor de mí para que sea un libro que deje una huella a través de las generaciones, leyendo mucho, aprendiendo cada día y compartiendo las experiencias más relevantes de mi vida.

Este hecho me dio las siguientes alegrías y aprendizajes:
1. Solamente con la fe en Dios los sueños se consiguen, las batallas se vencen y los milagros surgen.

Acciones concretas para tener fe. Ejemplos:
- Creo en lo que me propongo lograr, y le pido a Dios que me ayude a hacerlo realidad si esto me ayuda a crecer.

Escribe lo que harás para lograrlo:

1.

2.

3.

Dibuja un plan o ideas que te ayuden a lograrlo:

Esperanza

Tal vez la esperanza es como las brasas bajo las cenizas. Ayudémonos con la solidaridad soplando en las cenizas para que el fuego salga otra vez.
Papa Francisco

Les quiero compartir una experiencia que me pasó el día que escribí este tema sobre la Esperanza. Estaba de camino para recoger a mi hijo en su escuela, cuando le marqué a un amigo mío que se llama Francisco. Francisco tiene a su esposa Caro incapacitada, desde hace cuatro años, algo en su cerebro sucedió que le obstruyó el paso de oxígeno y le afectó gravemente, lo que la hizo caer en cama, no poder caminar ni hablar con fluidez, y depender de alguien al 100% para poder subsistir.

Cuando toda la familia de Caro se alejó de ella, Francisco lleva estos cuatro años dedicándose a su esposa en cuerpo y alma. Dejó de trabajar para estar con ella, se las tiene que arreglar junto con su hijo para salir adelante en sus vidas y darle la mejor vida posible a Caro. Eso es un verdadero amor. Me quito el sombrero con Francisco, cualquier otra persona hubiera abandonado esta misión que tiene desde hace mucho tiempo. Cada uno de nosotros tiene su propio camino para encontrar su misión en la vida.

Esto no ha sido nada fácil para Francisco, lleva cuatro años nadando bajo corriente tratando de subsistir y en ocasiones siente que se le acaban las fuerzas, pero lo mantiene vivo su fe.

Hace algunos meses que lo conocí, empecé a darle una ayuda mensual que le fuera de utilidad por su situación en la que se encuentra. Sentía que era una forma de contribuir todo lo que la vida me ha dado. Pero me di cuenta que eso no es suficiente. No basta con ayudar económicamente, lo más importante es llegar a influir positivamente para cambiar la vida de las personas, esa es la verdadera ayuda que las personas necesitan, en el que logren por ellos mismos salir adelante.

En la llamada que tuve con él, le di algunos consejos que creo que le ayudarán a salir adelante, le comenté que tiene que estar bien él para que transmita esa buena vibra y entusiasmo a su esposa y a su hijo. Todo empieza si él está bien consigo mismo. Se dice fácil, pero estar encerrado todos los días durante cuatro años cuidando a un enfermo y a su hijo, es desgastante y agotador. Le sugerí que empezara a contratar a una persona de confianza para que esté en su casa y cuide a Caro, y que ese día se enfoque en generar fuentes de ingreso para su familia. Tiene experiencia en ventas, por lo que puede ayudar a generar ventas en línea con contactos que ya tiene. La vida le ha dado muchas experiencias y aprendizajes, por lo que le sugerí también que escribiera un buen libro con ello, y me ofrecí a ayudarlo a darle consejos para su libro y contactarlo con conocidos que están en el mundo Editorial para hacer realidad ese sueño que tiene. Le recomendé algunos videos y libros que considero lo inspirarán a cambiar su forma de pensar para que pueda enfocarse en generar una vida de abundancia, en lugar de esperar a que otras personas puedan ayudarlo a sacar adelante a su familia. Yo lo apoyo en la medida que puedo, quisiera ayudarlo más, pero descubrí que en donde más le puedo ayudar es en darle Esperanza, que es el mayor regalo que podemos dar a los demás.

Al principio, Francisco solo me contaba sus problemas, lo mal que la pasaba, lo desvelado que estaba, la depresión que su hijo ha adquirido por los problemas en casa, etc. Ahora cuando hablo con él, sigue contándome la mitad de su tiempo en esto, pero la otra mitad ya me habla sobre sus proyectos de ventas que tiene, un viaje que quiere hacer a USA para retomar los contactos en ventas con empresas que conoce, el libro que quiere hacer y me contó que ya habló con mi contacto que hace la maqueta y empaquetado de libros que le pueden ayudar a formar un libro exitoso, etc. Eso me llenó de alegría, fue lo mejor que hice hoy en mi día. Ayudar a alguien a darle esperanza en su vida. A empezar a cambiar su forma de pensar para generar poco a poco una vida que le ilusione y que le pueda generar una vida abundante para su familia, y que a su vez le dará el ejemplo a su hijo de no darse por vencido y de generar proyectos que los inspire a seguir adelante. La fe y la esperanza mueven montañas, y sé que ha movido la montaña en su interior y lo quiero apoyar en lograrlo. Si bien la ayuda económica siempre será importante, creo realmente que escucharlo, acompañarlo y llenarlo de esperanza es el mejor regalo y la mejor ayuda que le puedo ofrecer.

Justo terminando la llamada, delante de mí había una camioneta con una calcomanía en la parte trasera que decía: "Fe - Esperanza - Amor".

¿Cómo es posible que justo cuando sentí que había dado algo de esperanza a Francisco, y que es lo que mi mente y mi alma sentían en ese preciso momento, mis ojos estaban apuntando exactamente a la calcomanía que contenía estas tres mágicas palabras (Fe - Esperanza - Amor) y que mi mirada estaba centrada en la palabra "Esperanza"?

Cualquiera diría que fue casualidad, yo estoy convencido que cuando uno genera una vibración, atraes esa misma vibración y la vida se alinea contigo para darte exactamente lo mismo. Y decidí que tenía que incluir estos tres temas en este libro con experiencias reales que he vivido gracias a estas experiencias. Y no solo eso, estoy convencido que la Esperanza es lo mejor que podemos dar a los que nos rodean.

Les cuento otra anécdota:

La semana pasada fui a visitar al hospital al papá de un amigo del trabajo que lo operaron. Le llevé un libro de Nick Vujicic, un orador motivacional muy reconocido a nivel internacional, que no tiene piernas ni brazos y ha alcanzado tanto éxito y felicidad en su vida que es un ejemplo de inspiración para cualquier persona. Este detalle lo entusiasmó y lo llenó de ánimos en salir adelante. Después de la visita su hijo me llamó para agradecerme y decirme que a su papá le había encantado el libro que le llevé.

Mismo aprendizaje que la anécdota pasada: la esperanza es el mejor regalo que podemos dar a las personas que nos rodean. Dediqué un poco de mi tiempo y un poco de dinero para comprar el libro, nada fuera del otro mundo, que significó mucho para él. Cada quien puede ayudar en la medida de sus posibilidades, pero me he dado cuenta de que lo más importante para dar a los demás es la esperanza de un mundo mejor, ayudando a las personas para conseguirlo.

En una de las películas de *Star Wars*, hay una escena que me encanta, en donde la princesa Leia recibe un disco que contiene la información que faltaba con los planos para destruir la Estrella de la Muerte, y sus compañeros le preguntan qué es lo que recibió, y ella responde que ha recibido el mejor regalo: La esperanza.

Regalemos esperanza a los que nos rodean, no nos cuesta nada y es lo mejor que podemos ofrecer.

Este hecho me dio las siguientes alegrías y aprendizajes:
1. La esperanza es el mayor regalo que podemos dar a los que nos rodean. Es devolverles las ganas de vivir y de luchar.

Acciones concretas para dar esperanza. Ejemplos:
* Cuando me encuentre con mi prójimo, le daré un consejo, una sonrisa, un alimento o algo que lo haga sentir con esperanza de un mundo mejor.

Escribe lo que harás para lograrlo:

1.

2.

3.

Dibuja un plan o ideas que te ayuden a lograrlo:

Amor

*Tienes que bailar como si nadie te estuviera
viendo, amar como si nunca hubieras sido
herido, cantar como si nadie te escuchara, y vivir
como si el cielo estuviera en la tierra.*
WILLIAM W. PURKEY

Hay tanto que decir y compartir sobre el amor. Es lo que le da sentido a nuestro existir y es lo único que nos vamos a llevar cuando llegue el día de nuestra partida de este mundo.

El amor es semejante a toda el agua que hay en el océano, y que podemos llenarnos de ese amor cada instante de nuestras vidas sin ningún límite.

Como diría John Morton: *"No existen límites para el poder del amor".*

O como diría Zelda Fitzgerald: *"Nadie ha medido nunca, ni siquiera los poetas, cuánto amor puede albergar el corazón".*

Hay tantas formas de dar y recibir amor, que quisiera irme por partes para detallar cada una de ellas.

El amor empieza con uno mismo

> *Para adquirir amor, llénate con él hasta que seas un imán.*
> CHARLES HAANEL

Debemos querernos primero a nosotros mismos para poder después amar a los demás. Una vez que logramos esa conexión con nuestro ser y nos aceptamos y amamos tal como somos, somos capaces de poder darnos a los demás, entregarnos en cuerpo y alma a nuestros seres queridos y encontrar en el prójimo a Dios.

Pero debemos empezar por nosotros mismos, nadie da lo que no tiene, y lo más valioso que tenemos para dar es a nosotros mismos, con nuestra presencia, nuestro ser, nuestro tiempo, nuestra existencia, darnos a los demás entregando cuerpo y alma por los nuestros y los que más necesitan de nosotros.

Amor de pareja

> *El amor es paciente, el amor es amable. No tiene envidia, no es jactancioso, no se envanece. No es grosero, no es egoísta, no se irrita, no guarda rencor. No se goza de la injusticia, goza de la verdad. Todo lo sufre, todo lo cree, todo lo espera, todo lo soporta*
> 1 CORINTIOS 13:4-7

Así que no va a ser fácil. Va a ser muy difícil;
Vamos a tener que trabajar en esto todos los días,
pero quiero hacer eso porque te quiero. Quiero
todo de ti, siempre, todos los días. Tú y yo…
todos los días.

NICHOLAS SPARKS

El amor de pareja es en mi experiencia, el punto donde empieza una vida nueva llena de bendiciones. Es empezar a ver la vida desde otra perspectiva, en el que te olvidas de ti y das todo por esa persona con quien quieres compartir tu vida para siempre.

Si vas a robarle el corazón a alguien, entrégale tu vida y tu ser para hacerla feliz.

Si descubres que encuentras al amor de tu vida, empéñate en dar todo de ti y amarla con todas tus fuerzas, con toda el alma porque es Dios mismo que está presente en tu ser amado. Hay una frase que me encanta que dice: *"Quédate con quien te bese el alma, la piel te la puede besar cualquiera".*

Como diría Paulo Coelho: *"Amor es una sola palabra, hasta que alguien llega para darle sentido".*

O como diría Nicholas Sparks: *"No soy nada especial, de esto estoy seguro. Soy un hombre común con pensamientos comunes y he llevado una vida en común. No hay monumentos dedicados a mí y mi nombre pronto será olvidado, pero me ha gustado amar a alguien con todo mi corazón y el alma, y para mí, esto siempre ha sido suficiente".*

Cuando logremos comprender esto, nos daremos cuenta que todo en nuestra vida tiene sentido y todo tiene sentido gracias al amor.

Por último, siempre tener presente *"el Triángulo del Amor"* en *el matrimonio*: Dios-Marido-Esposa: Cuanto más cerca el matrimonio está de Dios, más cerca estarán el marido y su esposa. Por el contrario, cuanto más lejos está el matrimonio de Dios, más lejos estarán el uno del otro.

He vivido en experiencia propia cómo cuando más procuramos estar cerca de Dios, es cuando más conectados y felices estamos como pareja y como familia.

También he comprobado cómo el buen ejemplo de mi esposa nos contagia a mis hijos y a mí a tratar de seguirla, y viceversa, cuando yo doy buen ejemplo, mis hijos y mi esposa me siguen. De igual forma, cuando damos mal ejemplo, es lo que aprenden nuestros hijos y debemos de ser muy conscientes de ello.

Amor de hijos

Mis temores se marchan cada vez que me abrazas y me aseguras que todo irá bien.

Ahora que mis hijos están pequeños, todos los días los he acompañado antes de dormir, platicamos, les cuento cuentos, les canto, me toman de sus manos y me hacen sentir que pase lo que pase, todo está bien cuando estamos juntos.

Llega la hora de dormir y me dicen: ¿Papi, me acompañas?

Palabras mágicas que me llenan el corazón.

Y es que en la vida hay que saber valorar lo que realmente es importante, ¿y qué hay más importante que dedicar tu vida por los que amas y te hacen sentir único y especial?

Mi esposa y yo hemos aprendido también a que la convivencia con cada hijo es una experiencia enriquecedora. Tratamos de tener un día al mes de convivencia madre-hija, padre-hijo, madre-hijo, padre-hija, y son experiencias gratificantes que nuestros hijos y nosotros llevaremos en el corazón para siempre.

Hace poco fui con mi hijo Ian a los Go-Karts en un fin de semana, fue una experiencia padrísima, descubrir juntos algo nuevo que nos gusta, es algo que nos une. Llevarlo a sus entrenamientos y partidos de futbol, sentir que lo apoyo en lo que más le gusta, es algo que lo llena de confianza y amor.

De igual forma cuando salgo con mi hija Italia a tomar un helado, un chocolate caliente o simplemente a andar en bici, crea una conexión única de padre e hija como si el tiempo se detuviera para disfrutar ese hermoso instante que la vida nos regala.

Todas las mañanas de lunes a viernes me encanta levantarme y llevarlos a la escuela, aprovechar ese tiempo de camino para platicar con ellos, dar gracias juntos por un día más de vida, saber qué clases tendrán ese día, llenarlos de emoción por la vida… más bien ellos me llenan de emoción con tanta energía y ganas que tienen por la vida… es algo que disfruto mucho.

El amor en familia incluye, no excluye. Multiplica y suma, no divide. Acerca, no aleja.

Abraza, no patea. Comprende, no juzga. El amor en familia es la manifestación más grande del amor que Dios nos regala, y cada día agradezco a Dios por mi familia.

Amor a la vida

Toda persona que se ha movido por el amor genuino, sabe que deja huellas duraderas sobre el corazón humano.
Napoleón Hill

El amor a la vida consiste en darnos a los demás, olvidarnos de nosotros mismos y poner el bien común por encima de nuestros intereses personales. Cuando logramos comprender esto, en el que nuestra mirada está en el bien de los demás, hemos dado un paso importante en nuestras vidas, le habremos regresado a la vida el amor que la vida misma nos dio al darnos la vida. Como diría Amado Nervo: *"Vida nada te debo, vida estamos en paz"*.

Amor de Dios

> *El amor es como el viento, no se puede ver, pero se puede sentir.*
> Nicholas Sparks

Dios es amor. Es lo que nos da fuerzas y energía en este universo. No lo podemos ver, pero lo podemos sentir a través de nuestra familia, nuestros seres queridos, nuestra propia vida. El regalo más grande es la propia vida que Dios nos ha regalado, el poder disfrutar de ella y hacer lo que queramos con ella.

Al recibir y sentir este amor que Dios nos da, podemos nosotros también hacer lo mismo por los demás.

Como diría Paulo Coelho: *"Cuando amamos, siempre nos esforzamos para ser mejores de lo que somos. Cuando nos esforzamos para ser mejores de lo que somos, todo a nuestro alrededor se vuelve mejor también"*.

A lo largo de mi vida les comparto mis alegrías y aprendizajes sobre el amor:

1. La vida y mi familia es el reflejo más grande del amor que Dios me tiene.

2. Todo el amor que he recibido hace darme cuenta de la deuda tan grande que tengo de dar amor a los que me rodean y contribuir a un mundo mejor.

Acciones concretas para llenar de amor mi vida y la de los demás. Ejemplos:

- Dedico tiempo de calidad todos los días a convivir con mi esposa y mis hijos.
- Ayudo en la medida de mis posibilidades a los que me rodean.
- Comparto mi tiempo y recursos con los que lo necesitan.
- Me comprometo a realizar proyectos que dejen huella en la sociedad.

Escribe lo que harás para llenar tu vida de amor y compartirla con los demás:

1.

2.

3.

Dibuja un plan o ideas que te ayuden a lograrlo:

Abrazos

Necesito un abrazo de esos que rompen los huesos, pero que en realidad reparan el alma.

ANÓNIMO

Dicen que el ser humano necesita al menos cinco abrazos al día para sobrevivir.

Y es que los abrazos nos permiten conectarnos con las personas a nuestro alrededor, especialmente con nuestros seres queridos. Nos permiten sentir la energía que tienen las personas a nuestro alrededor, nos permite ser empáticos y sentir lo que está sintiendo la otra persona. El abrazo es la expresión más hermosa del amor, regalemos más abrazos a los demás, puede que le cambies la vida a alguien con un abrazo.

Abrázate a ti mismo, abraza a tus seres queridos, abraza al mundo, contágialos de tu energía y amor que tienes dentro de ti.

Abraza a tu prójimo

Los abrazos se inventaron para que las personas sepan que las amas sin necesidad de decir nada.

ANÓNIMO

En marzo del 2005, uno de mis mejores amigos de la universidad me invitó a tomar un curso de superación personal. Algo dentro de mí me decía que debía tomar ese curso y que sería de gran beneficio para mi vida. Fue en semana santa, yo estaba de vacaciones con mi familia en Manzanillo y me regresé de mis vacaciones específicamente para tomar el curso en los días santos.

Dentro del curso, hubo una dinámica en la cual cada persona se ponía enfrente de otra persona, lo miraba a los ojos y decidía, indicando con su mano el número que quería tener para hacer la dinámica del curso:

1. Significaba solo mirarlo a los ojos.
2. Significaba saludarlo sin tener contacto.
3. Significaba un apretón de manos.
4. Significaba darle un abrazo.

Al principio de la dinámica me costó mucho trabajo ya que yo soy algo reservado con las personas que no conozco, pero a medida que pasaba me di cuenta que con los abrazos uno se conecta con las personas que tienen la misma energía que tú, y que es una oportunidad para ser empático con la persona que está enfrente de ti, que puedes conectarte contigo mismo a través de la otra persona y crear una confianza que anteriormente no tenía. Me di cuenta también que hay tanta necesidad de que las personas reciban amor y cariño que la vida no ha tenido fortuna de darles. Me di cuenta de lo privilegiado que Dios ha sido conmigo al darme unos padres que nos educaron con amor y valores a mis hermanos y a mí, y que puedo ofrecer tanto para los demás…

Abraza a tu pareja

Un día alguien te abrazará tan fuerte que todas
tus piezas rotas volverán a estar juntas.
ANÓNIMO

Pero lo mejor de todo vino al final de la dinámica… toda mi vida había soñado con encontrar a la mujer de mis sueños, con quien me sintiera feliz de estar con ella y pudiera formar una bonita familia. De hecho, fue uno de mis tres objetivos que me propuse al iniciar este curso. Al final de esta dinámica, una bella chica fue hacia mí y me señaló con su mano un cuatro, o sea, un abrazo, me abrazó con mucha ternura y me dijo: *"Espero que pronto encuentres a la niña de tus sueños"*.

Y desde ese momento, algo increíble pasó que nos conectamos tan bien, empezamos a salir, a conocernos mejor, a ser amigos, después novios, al año le pedí matrimonio y aquí estamos juntos después de casi dieciocho años de ese abrazo mágico, felices y con dos hermosos hijos que Dios nos ha regalado… y es que un abrazo puede cambiar la vida de alguien para bien.

Aunque sentí que había encontrado a la niña de mis sueños, mi esposa me reclama diciendo que la niña de mis sueños es Italia, mi hija de diez años que me ha robado el corazón.

A lo largo de nuestra vida juntos, nos abrazamos todos los días y abrazamos mucho a nuestros hijos, esto nos permite conectarnos más y sentirnos amados. Es una forma de dar y recibir amor, ese amor que viene de Dios y nos permite compartirlo con los demás.

Abraza tus hijos

He aprendido que hay más poder en un abrazo
fuerte que en mil palabras significativas.
ANN HOOD

Estando de vacaciones en la playa, estaba a la orilla del mar abrazando a mi hija Italia, de nueve años en ese momento, y no quería soltarme porque le daba miedo las olas del mar. Yo la animaba a nadar sola y soltarme, y me dijo con su linda voz: *"Papi, sé que algún día yo podré andar sola, pero hoy no es ese día, hoy necesito que me abraces y me protejas".*

Nunca se me olvidarán sus palabras, la vida pasa tan rápido y nuestros hijos crecen en un abrir y cerrar de ojos, que olvidamos valorar lo hermoso que es abrazarlos y más aun lo que significa para ellos nuestros abrazos. Vale la pena detener el tiempo con abrazos que nos llenen de paz, amor y felicidad, y nos den la fuerza y el amor para vivir esta vida que tenemos con plenitud.

Abrázate a ti mismo

Abrázate y valora todos los días la maravillosa
persona que eres.
ANÓNIMO

Uno no puede dar lo que no tiene, así que lo primero y más importante es amarte a ti mismo tal y como eres, valorarte, quererte, chiquearte, abrazarte fuerte dentro de ti… para que después, **puedas dar lo mejor de ti a los demás.**

Este hecho me dio las siguientes alegrías y aprendizajes:
1. La importancia de los abrazos en la vida de las personas.
2. La importancia de primero abrazarnos a nosotros mismos, para poder dar lo mejor de nosotros a los demás.

Acciones concretas para abrazar. Ejemplos:

- Al bañarme, me abrazo y me doy cuenta que me amo tal y como soy.
- Al despertar, abrazo a mis seres queridos que están a mi alrededor, porque sé que eso hará que inicien bien su día.
- Al recoger a mis hijos de la escuela, les abrazo fuerte y les digo que los amo.

Escribe lo que harás para lograrlo:

1.

2.

3.

Dibuja un plan o ideas que te ayuden a lograrlo:

Cree en ti

Prométeme que siempre recordarás: Eres más valiente de lo que crees, más fuerte de lo que pareces, y más inteligente de lo que piensas.
A. A. MILNE

Algo dentro de mí me decía desde hace tiempo que tenía que escribir este libro. Un libro que pueda dejar una huella única a mis hijos y al mundo de lo que la vida me ha enseñado, que pueda ser una guía con consejos prácticos para vivir una vida más plena y feliz, un libro que pueda servir para muchas personas para que sean felices y alcancen sus sueños. Este libro era para mí un sueño, pero no lo hice realidad hasta que verdaderamente puse todo de mí para que las cosas sucedieran, empecé a ver videos relacionados a los temas de mi interés, compré libros de diferentes autores para aprender de los mejores, aprendí en mis más de veinte años de trayectoria profesional, con mis compañeros de trabajo, jefes, proveedores, clientes, con cursos de superación que he tomado y cada día trato de aprender algo nuevo que la vida me enseña.

Me he dado cuenta que, si no hago algo verdaderamente por mí y no me esfuerzo por lograrlo, la vida me seguirá llevando de un lugar a otro, ayudando a cumplir sueños de otras personas y no del mío propio.

Cada uno genera la abundancia que quiera tener conforme a lo que uno sueña y se propone, somos tan grandes como nuestros sueños. El mundo necesita personas con almas magnánimas, con un sueño tan grande que nada los venza y que con ello puedan crear un mundo diferente lleno de amor, salud y trabajo en su entorno.

La fuerza que tienes dentro de ti es lo que te hará alcanzar todo lo que puedas soñar.

Y es que en la vida no se obtiene lo que deseas, sino obtienes lo que crees.

Debes creer en ti mismo con la certeza que las cosas ya están ocurriendo como las piensas, debes encontrar la manera de hacer que las cosas sucedan, tú creas tu mundo como tú lo crees y generas acciones para lograrlo. Si no encuentras la manera, tú las creas y las inventas para hacerlo realidad.

Es por ello que mi creencia principal está en formar una familia con hijos felices, amar cada día a mi esposa, generarnos mucho trabajo y abundancia para compartirla con los demás, llenar nuestra vida de amor y salud, lo veo visualizado en mi mente y alma cada día al despertar, y la vida me regresa esto y mucho más.

Este hecho me dio las siguientes alegrías y aprendizajes:
1. Todo es posible cuando crees.
2. Cuando uno clarifica su mente y su alma, y se renueva con lo que verdaderamente quiere lograr en su vida creyendo en ello, es cuando uno más crece y encuentra lo que ha deseado.

Acciones concretas para creer en mí. Ejemplos:

- Hago realidad la creación de este libro.
- Creo mi vida con abundancia y prosperidad.

Escribe lo que harás para lograrlo:

1.

2.

3.

Dibuja un plan o ideas que te ayuden a lograrlo:

Entusiasmo

El entusiasmo con el que corras para alcanzar
tus sueños es lo que hará que se hagan realidad.

Anónimo

Esta semana recibí un video de un buen amigo y compañero de trabajo, en el que su hijo fue premiado junto con su socio como la Mejor Panadería de México por parte de México Gastronómico 2022. Iniciaron haciendo panes en su casa hace algunos años y ahora tienen una gran empresa muy reconocida en Monterrey. Tenían un sueño grande y lo hicieron realidad porque creyeron en él, pusieron el corazón y emplearon todas sus capacidades para lograrlo.

Otra anécdota que quiero compartirles es que, en nuestras vacaciones familiares de fin de año, mi hijo Ian de trece años se llevó su guitarra y quiso tomar clases virtuales con su maestro de música, tomó varias clases de música y dedicó ese tiempo a la música en lugar de irse a la playa a disfrutar del mar y la arena. Yo me quedé sorprendido de como prefirió elegir sus clases de música en lugar de ir al mar, siendo que le gusta mucho el mar, pero para él, la música es alegría, es vida, se entusiasma tocando música y creando canciones, y eso lo llena de magia. Y es que cuando uno encuentra algo que lo apasiona, encuentra un tesoro que lo llena de felicidad.

La palabra entusiasmo, que existió en el latín tardío *'enthusiasmus'*, viene del griego *'ενθουσιασμός'* —*enthousiasmos*—, que significa "inspiración divina, arrebato, éxtasis". Una voz formada de *'entheos'* o *'enthous'* (que lleva un dios dentro: *'en'* + *'theos'*).

En pocas palabras, entusiasmo en griego significa: **con Dios en el corazón.**

Cuando tienes a Dios en tu corazón, nada te detiene. Te sientes tan pleno y tan lleno de energía que hace que logres todo lo que te propones.

Como diría Bo Bennett: *"El entusiasmo es emoción con inspiración, motivación, y una pizca de creatividad"*.

Este hecho me dio las siguientes alegrías y aprendizajes:
1. Lo único que necesitas para ser feliz es algo en qué entusiasmarte.
2. Una persona entusiasta contagia a los demás de su alegría y sus ganas de vivir.

Acciones concretas para vivir con entusiasmo. Ejemplos:
- Descubro aquello en mi vida que me entusiasma y me llena de alegría.
- Trato de llenarme de Dios cada día para llenarme de vida y entusiasmo.

Escribe lo que harás para lograrlo:

1.

2.

3.

Dibuja un plan o ideas que te ayuden a lograrlo:

Alegría

Cuando estás alegre, cuando dices sí a la vida y te diviertes y proyectas la positividad a tu alrededor, te conviertes en un sol, en el centro de cada constelación, y la gente quiere estar cerca de ti.
SHANNON L. ALDER

Hoy en la mañana mi hija Italia de nueve años tuvo clases virtuales en su escuela, iniciaron sus clases a las 7.30 de la mañana, y empezaron sus clases cantando las mañanitas a una compañera que cumplía años. Escuchaba cantar a Italia con una alegría y emoción de disfrutar ese momento que contagiaba de energía y ganas de vivir a los demás con solo escucharla. La canción duró menos de cinco minutos, pero sentí como si se detuviera el tiempo para disfrutar la alegría de mi hija.

Fue un momento que me tomé para escucharla y reflexionar sobre esto.

Y es que vivimos todos los días tan rápido y tan acelerados, en un mundo lleno de movimiento y compromisos, que nos olvidamos de disfrutar el presente y el regalo que es la vida misma. Vivamos cada día con entusiasmo y con una alegría dentro de nosotros mismos que contagiemos a los demás de ganas de vivir, y que podamos disfrutar cada momento que la vida nos regala.

Nosotros somos los creadores de nuestro universo, vamos creando momentos mágicos con nuestra familia, con nuestros seres queridos, experiencias inolvidables que nos haga tener una vida llena de alegrías y que los que están a nuestro entorno se contagien de esa energía y buena vibra.

Este hecho me dio las siguientes alegrías y aprendizajes:
1. Una persona alegre contagia a los demás de su alegría y sus ganas de vivir.
2. Estar alegres desde que amanece es el inicio de un gran día.

Acciones concretas para vivir con alegría. Ejemplos:
- En cuanto me levanto, agradezco por la vida y por lo que valoro de mi vida.
- Trato de llenarme de Dios cada día y de mis seres queridos para llenarme de alegría.

Escribe lo que harás para lograrlo:

1.

2.

3.

Dibuja un plan o ideas que te ayuden a lograrlo:

El deporte

> *El deporte tiene el poder de transformar el*
> *mundo. Tiene el poder de inspirar, de unir a la*
> *gente como pocas otras cosas.*
> NELSON MANDELA

Desde mis 7 años hasta los 22 años de edad, fui jugador de tenis de alto rendimiento.

Entrenaba todos los días de 2 a 3 horas diarias, aún en vacaciones y días festivos. Mi papá fue el que me propició el gusto por el tenis y fue mi primer entrenador. Recuerdo que mi papá salía temprano de trabajar para llevarnos a mi hermano y a mí a entrenar tenis al Club Providencia todos los días de 5 a 7 de la tarde. Aprendí que la disciplina y ser constante en lo que haces te lleva a lograr grandes cosas. Empecé a ganar campeonatos y ser de los primeros lugares en Guadalajara. Como era de los mejores jugadores de Guadalajara, a partir de los 12 años dejé de entrenar con mi papá y me becaron en las mejores escuelas de tenis en la ciudad. A mis trece años, gané un torneo seccional donde participan seis estados del país, y participé en campeonatos nacionales y olimpiadas juveniles. Logré ser jugador profesional en México, si bien no fui de los mejores del ranking a nivel profesional, logré estar en el lugar 50 y ganarle en algunas ocasiones a jugadores que estaban en el top ten de México y en el equipo de Copa Davis. A mis diecisiete años, la Universidad Panamericana me ofreció una beca para estudiar en el Campus Guadalajara y representar a la universidad, y considero que fue la mejor decisión que pude haber tomado. Actualmente ya no practico el tenis, pero trato de mantenerme en forma haciendo ejercicio diariamente, que me llena de energía y salud.

Más que buscar ser el primer lugar, el deporte me enseñó a ganarme a mí mismo, a cuando sentía que ya no podía más, lograr darlo todo y en ese momento es cuando uno más crece, a la satisfacción de haber dado mi mejor esfuerzo en cada entrenamiento y en cada partido.

El deporte me ha traído tantas bendiciones: salud, buenos amigos, viajes, experiencias increíbles, formación y superación personal, disciplina, logros, trabajo en equipo, paciencia, formación del carácter, la oportunidad de haber estudiado en una de las mejores universidades en México, y muchas más.

Creo que todas las personas deberían practicar algún deporte en sus vidas, y que todos los padres deberían de inculcar en sus hijos en el deporte que más les guste.

Esto es algo que llena el alma de bienestar, el cuerpo de salud y la mente de audacia y fortaleza. Como dijo Jean Giraudoux: *"El deporte delega en el cuerpo algunas de las virtudes más fuertes del alma: La energía, la audacia, la paciencia"*.

Este hecho me dio las siguientes alegrías y aprendizajes:

1. Campeonatos que llevo en el corazón que me enseñaron que todo en la vida es posible de lograr, aun en contra de todas las probabilidades.

2. Derrotas que me ayudaron a crecer, a entrenar más duro para mejorar, a aprender de mis errores para corregirlos.

3. Conocer lugares nuevos gracias al deporte, conocer a familias diferentes, con diferentes niveles socioeconómicos y diferentes formas de pensar, que enriquecieron mi forma de ver al mundo.

4. Abrirme puertas a nuevas oportunidades, nuevas amistades, nuevos retos, nuevos aprendizajes.

5. Que cada día es una oportunidad para crecer bajo el sol, y que no importa lo que hayas vivido anteriormente, lo más importante es lo que vives hoy.

Acciones concretas para hacer y promover el deporte. Ejemplos:

- Todos los días por la mañana me levanto a hacer una hora de ejercicio.
- Con mi ejemplo, propicio que a mis hijos les guste el deporte.
- Apoyo a mis hijos en el deporte como una prioridad.

Escribe lo que harás para lograrlo:

1.
....

2.
....

3.
....

Dibuja un plan o ideas que te ayuden a lograrlo:

El dinero

Hace algunos días escuché algo que me llamó la atención. Escuché hablar de cómo el dinero en sí no es ni bueno ni malo, sino que lo importante es la actitud que tenemos frente al dinero. Uno puede tener mucho dinero o poco, pero lo que realmente distingue a las personas es su actitud ante los demás con respecto al dinero. Si el dinero nos hace ver a los demás inferiores o superiores a nosotros, o si, por el contrario, el dinero nos hace sentirnos agradecidos por tener lo necesario para vivir y poder compartirlo con los demás para crear experiencias maravillosas y dejar el legado que queremos en nuestras vidas.

El dinero es importante ya que, sabiendo generarlo y utilizarlo sabiamente, nos permite ir a los lugares que queremos, lograr llegar a tener libertad financiera en nuestras vidas, tener tiempo para disfrutar más la vida que nos permita estar más tiempo con la gente que queremos, lograr alcanzar nuestros sueños, generar mucha abundancia que nos permita ayudar a muchas personas, entre otras cosas.

Pero es importante darnos cuenta de que la meta en nuestras vidas no está en las cosas, sino en lograr tener la vida que queremos.

No olvidemos que la mayor riqueza que podemos llegar a tener es lograr formar una familia feliz, estar sanos y generar toda la abundancia que podamos lograr para compartirla con nuestro prójimo. El dinero es un medio para lograr estos objetivos.

Pero es importante dominar el juego del dinero, saberlo generar, retener y multiplicar.

Generar en base a nuestro trabajo, nuestros negocios y nuestros proyectos que desarrollemos.

Una vez generado este dinero, saber retener una parte de él y no gastarnos todo lo que generamos.

Una vez retenido este dinero, saber invertirlo en algo que haga que se multiplique. Algunos tienen habilidad para invertir este dinero en sus negocios y lo convierten en diez o cien veces más; otros tienen la habilidad para invertirlo en bienes raíces y hacer crecer esta inversión con el tiempo; otros más tienen la habilidad de invertirlo y multiplicarlo a través de productos como acciones, fondos de inversión, bonos del gobierno, pagarés u otros. Otros más donan su dinero al prójimo más necesitado sin esperar nada a cambio, y les es multiplicado en trabajo y proyectos que les permite generar más dinero para multiplicarlo y seguirlo compartiendo.

Lo importante es enfocarse en lo que a uno más le funciona y que sea algo que te apasione y no te angustie. Si dedicamos tiempo y esfuerzo a algo que nos angustia por conseguir dinero, es mejor dejarlo. Nuestro recurso más valioso es el tiempo y no vale la pena desperdiciar un segundo de nuestra vida por algo que nos preocupe o nos pueda llevar a tomar malas decisiones.

Debo decirles que mi percepción con el dinero ha cambiado. Antes pensaba que el dinero no era tan importante, que lo importante era solo tener lo necesario para vivir, que haría todo lo posible por llegar a mi jubilación para una vez que llegara ese momento pudiera vivir tranquilo económicamente, dejar de trabajar para disfrutar más a mi familia y ayudar con lo que pueda a los demás.

Ahora pienso totalmente diferente, ahora quiero generar muchos proyectos y todo el dinero que pueda lograr para hacer tantas cosas, para vivir una vida de abundancia y plenitud desde ahora, que con esto no tenga que esperarme a mi jubilación para hacer lo que quiero hacer en mi vida, sino por el contrario, aprovechar cada segundo de mi vida para hacer algo grandioso y tener la vida que quiero tener. Creo que mi esposa y yo estamos en este cambio y en este camino hacia lograr generar la abundancia que queremos y que nos merecemos, y que con ello podamos cumplir todos nuestros sueños desde ahora.

Queremos el paquete completo, queremos con esto poder ayudar cada vez más para concretar y hacer realidad varios proyectos que nos hemos propuesto. Recuerdo unas palabras de un profesor en la universidad que se me quedaron grabadas: *"Un hombre con dinero puede hacer o mucho bien, o mucho mal. La clave está en enfocar el dinero para el servicio de los demás, y no en el nuestro"*. Como dice el dicho: *"Si uno no vive para servir, no sirve para vivir"*.

La verdadera felicidad está en cuando nos damos a los demás, no solo con el dinero, sino con nuestra actitud hacia los otros, ver y tratar a los demás como hermanos, interesarnos por sus vidas y poder ayudarlos a sobrepasar situaciones por las que atraviesan.

En una ocasión fui a una misa en donde el evangelio trató sobre el reino de Dios que está preparado para los que sirven y ayudan al prójimo en sus necesidades:

El sacerdote habló de que lo que nos pide Jesús no solo es la ayuda económica con el prójimo, sino interesarnos en sus vidas, compartir un día con alguien necesitado, con algún inmigrante, indigente, enferma o persona necesitada. Yo agregaría que si adicional a ello la podemos ayudar económicamente para salir adelante de su situación, sería el complemento perfecto. Y es cuando el dinero puede ayudar mucho para esto:

- Ayudar a alguien enfermo en sus medicinas, tratamiento u operación.
- Invitar un desayuno, comida o cena a algún indigente o inmigrante que pase hambre
- Donar ropa nueva o en buen estado a los que necesitan vestido (nada nos cuesta tener algunas chamarras y tenis en nuestro carro y cuando veamos a alguien en la calle necesitado o con frío, dársela).
- Alimentar a los que pasan hambre en las calles (podemos preparar despensas y botellas de agua que podemos tener listas en nuestra cajuela del carro y resurtirlas cuando se nos acaben).
- Visitar algún orfanato, casa hogar o asilo para llevarles esperanza y amor, y posteriormente nos daremos cuenta de que se necesita de mucha ayuda económica para poder mantener a su institución y poder alimentar y cuidar a los niños, niñas, ancianos o ancianas para darles una vida digna.
- Compartir estas experiencias con amigos y empresarios e invitarlos a participar en esta labor, es una forma de ser agra-

decido a las bendiciones que hemos tenido en nuestras vidas y es lo menos que podemos hacer por todo lo que hemos recibido.

Logrando esto, daremos un paso a una vida más humana y más plena, y nos daremos cuenta de que la felicidad no está en el dinero en sí, sino en la manera en que nos damos a los demás.

Ahora bien, no se trata de dar todo el dinero que tenemos y quedarnos sin nada para que después nosotros seamos los que tengamos que pedir. Se trata de generar mucha abundancia para que haya para todo: una parte de esta abundancia para compartirla con los demás, otra para nuestros gastos, otra para cumplir nuestros sueños como viajar en familia para crear experiencias mágicas con las personas más valiosas en nuestras vidas, para construir la casa de nuestros sueños y vivir la vida que queremos, para invertir adecuadamente nuestro dinero en nuestros negocios, bienes raíces o inversiones que nos permitan vivir tranquilos y despreocupados, para que nuestro enfoque sea el de ayudar y servir, sin la preocupación de pensar en qué vamos a comer por no tener lo suficiente.

En la medida que generemos más, podremos lograr tener el paquete completo y estaremos en la postura de poder ayudar cada vez más a los demás.

Es mucho más fácil ayudar teniendo dinero que no teniéndolo.

Así que, si Dios nos dio la oportunidad de tener dinero y la capacidad para generar abundancia en todos sentidos, compartamos esto con los demás. Algo pequeño para nosotros podría significar tanto para una persona que lo necesite. Desde una simple botella de agua, por ejemplo, dársela a algún inmigrante o indigente que esté en la calle pasando tanto calor, podría significar un alivio inmenso para esa persona, o simplemente podría sentirse escuchada de que no está sola y puede contar con nosotros, y que, con nuestra presencia y actitud, podemos llenarlos de esperanza.

Al final de nuestras vidas, no nos llevaremos nuestro dinero, nuestras propiedades, negocios, inversiones ni nada de lo que tenemos, pero sí nos llevaremos la satisfacción de haber hecho algo por los demás, de haber creado proyectos maravillosos para el bien de la humanidad, de haber generado proyectos que nos haya permitido darle un trabajo digno a personas valiosas y que a su vez esto les haya permitido generar abundancia en sus vidas, de haber llenado nuestro corazón de todo el amor que pudimos dar, de haber hecho todo el bien que pudimos hacer en nuestras vidas, de haber dejado un legado lleno de amor y de abundancia con las personas que nos rodean para que continúen con esta labor y vivan una vida cada vez más plena y libre.

¿Qué he aprendido de todo esto?
1. Teniendo claro un propósito de vida, el dinero puede ayudar de mucho para lograrlo.
2. La felicidad no está en el dinero en sí, sino lo que podemos lograr con él poniéndolo al servicio de los demás.

Acciones concretas para el manejo del dinero:
- Estoy desarrollando proyectos que me permitan generar más dinero y abundancia en mi vida.
- Tomo decisiones financieras sanas que me permitan lograr tener una libertad financiera en 10 años.
- Separo el 10% de mis ingresos cada inicio de mes para ayudar al prójimo en diferentes proyectos y necesidades.

Escribe lo que harás para lograrlo:

1.
....

2.
....

3.
....

Dibuja un plan o ideas que te ayuden a lograrlo:

Generosidad

*El sabio no se queda sus propios tesoros. Cuanto
más da a los demás, más tiene para sí.*
Lao Tse

Mi esposa y yo tenemos varios años apoyando a una Casa Hogar que recibe y adopta a niñas y adolescentes, en las que sus papás tienen problemas de todo tipo y no pueden hacerse cargo de sus hijas. Pero sé que eso no es suficiente. Eso es solo una pequeña ayuda para los gastos diarios que tiene la Casa Hogar y que permite su subsistencia. Pero para que realmente cause un impacto, debemos ir más allá, debemos involucrarnos con tiempo y dedicación para conocer más a las niñas y adolescentes, en darles una guía y apoyarlas en su proceso de crecimiento, podemos darles libros y consejos que les provoque un cambio en sus vidas para bien, podemos organizar talleres o actividades para que sean capaces de generar ingresos por sí mismas y vendan sus productos y servicios a la comunidad... si tan solo logramos influir en el corazón de esa niña o adolescente y que esto le ayude para que cuando salga de la Casa Hogar a sus dieciocho años, conozca cómo ganarse la vida, qué puede estudiar y tenga las bases para formar un hogar con amor.

Estoy convencido que cada que damos algo al prójimo, la vida nos lo devuelve al ciento por uno. Lo he vivido en carne propia. Cada que ayudamos a alguien de forma sincera, algo pasa en el Universo que recibimos bendiciones enseguida. Ayudamos a alguien, se concreta enseguida una venta de algún cliente, o esa persona que recibe la ayuda te regala una sonrisa que dice más que mil palabras, o te dan unas palabras de agradecimiento que reconfortan el alma y uno es el que sale más beneficiado.

Y aunque no fuera así, el dar nuestro tiempo, nuestro ser, nuestros consejos, nuestra sonrisa, nuestros recursos en la medida de nuestras posibilidades, es lo menos que podemos hacer a cambio de todas las bendiciones que ya hemos recibido en nuestras vidas. Pareciera poca nuestra ayuda y que nunca será suficiente ante tanta y tanta necesidad que vivimos hoy en día, pero para esa persona que lo necesita, tú puedes marcar la diferencia al llenarlo de esperanza.

En otra ocasión invité a desayunar a un indigente, debo decir que me dio algo de miedo al principio, pero al convivir con él me di cuenta de que es una persona que necesita ser escuchada, y que simplemente con haberla escuchado, se sintió agradecida y se fue contenta y desayunada. Me contó de cómo se había quedado sin hogar porque sus papás fallecieron y la casa donde vivía con ellos quedó intestada y me contó cómo sus primos se adueñaron de la casa y lo sacaron. Me di cuenta de la importancia que cada ser humano tenemos al tomar cada día las decisiones en nuestras vidas. En este caso, con un testamento se hubiera solucionado esta tragedia, y también con unos padres que hubieran educado con amor y valores a sus primos para que se vieran como hermanos en lugar de como enemigos al quedarse con la propiedad. No podemos juzgar porque no estuvimos en su situación, pero si podemos hacer algo para que no nos pase esto en nuestras familias, para que nuestra familia sea un centro de unión y apoyo siempre, y para que podamos ayudar en la medida de nuestras posibilidades a las personas que lo necesitan.

Recuerdo una vez que me quedé sin trabajo y estaba muy apretado económicamente y con muchas preocupaciones para sacar a mi familia adelante, con mi hijo pequeño de dos años. Mi papá me apoyó en aquella ocasión para no pagarle un préstamo que le debía hasta que no encontrara un trabajo, pero sobre todo me apoyó en sentirme tranquilo con sus palabras y que sabía que si necesitaba de ayuda económica podía contar con él.

Recuerdo que me dijo: las familias siempre se apoyan en las dificultades.

Hay una frase que me encanta de Tony Robbins, que dice:

Cuando creces te sientes vivo, pero cuando ayudas a los demás te sientes diez veces más vivo.

El objetivo de nuestras vidas debiera ser sentirnos cada día más vivos y felices, estar en continuo crecimiento, mejorando, ayudando a los demás a crecer.

Cuando uno pasa por una necesidad, la ayuda que uno recibe no se olvida y significa mucho. Así que este hecho me sirvió para que yo pueda hacer lo mismo con las personas que pasan a mi alrededor y las veo con alguna necesidad en la que yo pueda hacer algo, aunque sea poco, sé que significará mucho para esa persona.

Este hecho me dio las siguientes alegrías y aprendizajes:
1. Ser generoso es una muestra de que tan agradecidos somos con la vida que hemos recibido.

Acciones concretas para ser generoso. Ejemplos:

- Hoy daré parte de mi tiempo y compartiré algo de lo que tengo con mi prójimo.

Escribe lo que harás para lograrlo:

1.

2.

3.

Dibuja un plan o ideas que te ayuden a lograrlo:

Energía

*La presencia de una persona activa, enérgica y
exitosa en un lugar, penetrará en el lugar con
vibraciones positivas que estimularán a todos los
que allí residan.*
William Walker Atkinson

Ahora me encuentro escribiendo este tema en un hermoso sábado a las siete de la mañana. Hace algunos días me levanté a las dos de la mañana a escribir experiencias e ideas que se me vinieron a la mente en mis sueños y no quise dejar pasar la oportunidad de escribirlas, y de ahí empecé a recordar tantos momentos que quería compartirles que seguí y seguí… eran las diez de la mañana y tuve que hacer una pausa para continuar con mi trabajo que tengo. Por la tarde volví a retomar este tema y seguí escribiendo. Al día siguiente igual, y cada momento que encuentro lo aprovecho al máximo para hacer este sueño que tengo en realidad. Siento una energía que no tenía antes, y me pregunto de dónde viene esta energía.

Me doy cuenta que la energía viene del propósito. Me he propuesto un objetivo claro que quiero hacer, sea como sea encuentro la forma y los espacios para hacerlo. Y si no tengo estos espacios, los creo y los genero.

Cuando llevo a mi hijo a entrenamientos y partidos de futbol, es algo que me llena de energía, no hay excusas de no poderlo llevar por el tráfico, mis ocupaciones, mi trabajo, etc. Simplemente mi prioridad está en mi hijo y hago todo lo posible por hacerlo realidad.

Me llevo mi trabajo al entrenamiento, aprovechando la tecnología que hoy en día tenemos, hago lo tenga que hacer para lograrlo, pero lo hago porque tengo claro cuáles son mis prioridades.

Esto me permite tener una conexión con mi hijo a través del futbol, platicar con él, lograr que me tenga confianza en contarme sus experiencias y cómo se siente cada día. Es una conexión única y son estos momentos los que lo hacen posible.

No quiere decir que me desentienda de mi trabajo, me considero que soy una persona que trabaja demasiado y estoy enfocada en resultados. Más que en cubrir con un horario de oficina, trabajo más que nadie para sacar a mi familia adelante, pero trabajo con enfoque sin descuidar lo que es importante para mí.

Mi esposa es un gran apoyo para que nuestros dos hijos sientan la presencia de papá y/o mamá en todo momento, lo que los llena de seguridad y amor.

Si yo no puedo algún día llevar a mi hijo al entrenamiento o partido ella es quien lo lleva.

De igual forma si ella no puede algún día sabe que cuenta conmigo para llevarlo.

De igual forma con mi hija en sus actividades, sus eventos, recogerlos en la escuela, etc.

Pero cuando es un evento importante, estamos los dos presentes. Somos un gran equipo y eso nos permite disfrutar más a nuestros hijos y llenarnos de energía con ello.

A lo largo de mi vida profesional, he aprendido que no vale la pena sacrificar momentos inolvidables por temas de trabajo. Si algo me arrepiento en mi vida es de no haber estado en la fiesta de cumpleaños de mi hija cuando cumplió seis años por "tener la obligación de ir a trabajar". De igual forma, de no haber ido al campamento de mi hija al terminar Preescolar por la excusa del trabajo y del dinero. Ahora me doy cuenta que, si realmente lo hubiera querido, hubiera hecho todo por lograrlo, y no habría sido una excusa el dinero y el trabajo. El tiempo ya se fue y ya no puedo volver el tiempo atrás para vivir esos momentos que me perdí, pero he aprendido la lección y ahora cada cumpleaños o evento importante de mis hijos estoy ahí y no me los pierdo por nada, porque son mi prioridad ante todo.

Todos los días a las siete de la mañana me encanta llevar a mis hijos a la escuela, me llenan de energía y entusiasmo llevarlos, estar con ellos, platicar de camino a la escuela.

Veo a todas las personas exitosas y todos tienen algo en común: están llenos de energía.

Veo a mi jefe como es imparable en su trabajo, ha escrito más de diez libros, muchos de ellos *Best seller*. Cuando se propone escribir un libro, se levanta a las cuatro de la mañana todos los días a escribir porque es el espacio que encuentra para hacer cada libro realidad.

Transmite una energía impresionante a los que estamos alrededor de él. Aunque él está en San Diego, a miles de kilómetros de donde yo vivo, simplemente cuando hablo con él se siente una vibra diferente, con mucho empuje, ganas de continuar y hacer tantos proyectos realidad.

Se reúne continuamente con empresarios que tienen la misma energía y enfoque que él, se comparten ideas de mejora y compromisos a través de grupos llamados Mastermind, siempre está leyendo libros nuevos, abierto a nuevas ideas para transformar su negocio y generar valor para nuestros clientes.

De igual forma sucede con todas las personas exitosas y líderes, tienen una energía envidiable y es porque tienen muy claro su propósito de vida y es precisamente esto lo que hace que logren sus objetivos, porque nada ni nadie los detiene.

¿Qué he aprendido de todo esto?

1. A tener claro mi propósito de vida y mis prioridades, lo que me llenan de energía.
2. A enfocarme en aquello que quiero vivir, hacer y tener, y a generar las condiciones para lograrlo.
3. A vivir con energía, cuidar mi cuerpo, alimentarme bien, hacer ejercicio, dormir bien, meditar, encontrar paz en mi interior.

Acciones concretas para llenarme de energía. Ejemplos:

- Me rodeo con gente positiva, inspiradora.
- Me enfoco en mi propósito y creo objetivos claros hasta lograrlos.
- Vivo mi vida de acuerdo a mis prioridades.
- Cuido mi cuerpo con buena alimentación, ejercicio, meditación y descanso.

Escribe lo que harás para lograrlo:

I.

2.

3.

Dibuja un plan o ideas que te ayuden a lograrlo:

Tiempo

Dicen que el tiempo es oro, yo diría que es mucho más que eso. Es el recurso más importante que tenemos. Es lo que nos permite vivir esta vida y hacer lo que queramos con ella. Es lo más preciado que tenemos para poder vivir una vida plena y feliz.

Al darme cuenta de ello, he decidido no perder el tiempo en cosas que no valen la pena, en enojos, en envidias, en ver noticias, evito ver y escuchar cosas negativas... por el contrario, trato de llenarme de una actitud positiva, de hacer meditación cada día que me llena de paz y abundancia en mi vida.

Como dice el dicho: *No hay tiempo que perder.*

Hay tantas cosas por hacer en nuestras vidas, tantos momentos por vivir, tantas experiencias por compartir, tantas bendiciones por dar, tanto que ofrecer al mundo... hasta que llegue el instante en que dejemos esta vida y lleguemos a la eternidad.

He cambiado mis ratos de ver televisión por momentos de lectura y de escribir este libro, siento que no puedo perder mi tiempo ni un segundo porque quiero hacer tantas cosas en mi vida, quiero cumplir con mi misión que tengo en mi vida y que es lo que hace que cada día me llene de energía e ilusión por vivir.

Dicen que la felicidad se logra cuando tienes un propósito y el progreso que vas teniendo para lograrlo. No se trata de tener más en la vida, se trata de cada día poner todo tu corazón y tus fuerzas para lograr tu propósito.

Para tener una vida abundante de salud, dinero y amor, debemos aprovechar nuestro tiempo al máximo y enfocarnos en nuestro propósito. Cada instante de la vida hay que vivirlo y disfrutarlo de la mejor forma posible, la vida está llena de momentos hermosos, hay que saber disfrutarlos con tus personas queridas, ya que estos momentos son los que se quedan grabados en el corazón.

Recuerda que la felicidad no está al final del camino, sino en el camino de nuestra vida para llegar a nuestra meta final. Tómate el tiempo para disfrutar de esos pequeños grandes logros que vas teniendo en tu vida, que por más pequeños que parezcan, al compartirlos con los tuyos, haces que sean grandes para todos.

Termino este tema con esta frase que me encanta:

> *Con algunas personas se pierde el tiempo, con otras se pierde la noción del tiempo y con otras recuperamos el tiempo perdido. (Anónimo)*

Qué aprendizajes me ha dado la vida respecto al tiempo:
1. Cada instante de la vida es un tesoro. Está en nosotros aprovecharlos al máximo.
2. Dediquemos el tiempo necesario a lo que realmente vale la pena: a nuestros sueños, a nuestros proyectos, a nuestros seres queridos y amigos, a dejar una huella única en nuestra sociedad.

Acciones concretas para aprovechar mejor mi tiempo. Ejemplos:

- Enfoco mi tiempo en lo que más me llena, en mi familia, en mis hijos, en mis proyectos para servir a otros.
- Agendo los eventos que son importantes para mí.
- Dejo de ver noticias negativas en la radio, en la televisión y en el internet.

Escribe lo que harás para lograrlo:

1.
____

2.
____

3.
____

Dibuja un plan o ideas que te ayuden a lograrlo:

El alma

¿Qué es lo que nos mueve en la vida? Quisiera compartirles esta experiencia que tuve en mi vida: en marzo de 2020, a raíz de la pandemia que actualmente vivimos, nuestra forma de vida cambió para todos. Sé que a la mayoría de personas han sufrido con dicha enfermedad, con sus familiares que se les han ido, con sus trabajos que perdieron, etc.

Esta etapa en lo personal me ha ayudado a conectarme conmigo mismo, a crecer en lo espiritual y en lo físico, a ser una persona más equilibrada, a compartir más tiempo y experiencias con mi familia, a encontrarme conmigo mismo y descubrir lo que la vida tiene preparado para mí.

Al principio de la pandemia, me despertaba a las 7.30 u 8 de la mañana, pensando que podría recuperar y reponer el sueño de años anteriores que al tener hijos pequeños mi esposa y yo habíamos tenido muchas desveladas sin dormir bien y tener que trabajar al día siguiente (los que tienen o tuvieron hijos pequeños me comprenderán), y que por fin había llegado una etapa en la vida para respirar en la que podíamos dormir y descansar mejor.

Con esto, empecé a por fin dormir de 8 a 9 horas todos los días, tratando de recuperar el sueño perdido de años como padre de familia, pero me di cuenta que estaba equivocado.

Eso no me hacía despertarme cada mañana con más energía, sino al contrario, quería seguir descansando. Fue hasta que regresaron mis hijos a la escuela, que retomé levantarme antes de las seis de la mañana todos los días para llevarlos a la escuela y convivir tiempo con ellos. Ahora duermo entre 6 y 7 horas al día, pero me siento más descansado que nunca y con una energía dentro de mí que quiero aprovechar cada instante al máximo, desde que me levanto, dar gracias por un día más, llevar a mis hijos a la escuela y platicar con ellos, hacer un rato de meditación para conectarme con mi alma, hacer ejercicio todos los días de ocho a nueve de la mañana para conectarme con mi cuerpo y salud, y ponerme a trabajar en lo que hago y en lo que me gusta, enfocarme en donde puedo generar más valor y administrar bien los recursos de donde trabajo, servir a los clientes internos y externos a través de mi trabajo, generar proyectos de alto impacto, apoyar a mis hijos junto con mi esposa en sus actividades diarias de la escuela, la música y el deporte, convivir con mis hijos y con mi esposa todas las tardes y noches, tener un trabajo en el que pueda administrar mis tiempos y enfocarme en generar resultados al máximo. Y ya que termina el día después de acompañar a mis hijos a dormir ahora que son pequeños, siento una emoción por leer muchos libros que me hacen conectarme con mi alma y que me inspiran a escribir este libro. En lugar de quedarme dormido o ver la televisión, quiero aprovechar ese momento de nueve a once de la noche para avanzar en mi sueño, que hace expandir mi alma y mi conocimiento en cada momento que leo y que escribo.

Esto me llena de vida y energía, hace que cada día que amanezca me sienta más emocionado por la vida y por mi sueño, por vivir un día más y disfrutarlo al máximo. Ya no espero que lleguen las vacaciones para disfrutar de la vida, me levanto con la ilusión de vivir feliz con lo que soy, con lo que tengo y con lo que hago.

Esto diría yo que es el alma, algo que se engrandece cada día cuando uno sigue sus sueños, que sabemos con certeza que nunca se terminará, que el cuerpo puede llegar a enfermarse y a morir con el tiempo, pero que nuestra alma siempre estará presente hasta la eternidad, que seremos felices eternamente en la medida en que nuestra alma crezca y nos conectemos con ella.

Analizando mi interior y la vida que he vivido, me doy cuenta que lo que verdaderamente me mueve es el alma. Esa voz interior que me impulsa cada día, los anhelos más profundos de mi corazón que se reflejan en mi vida, eso que no se ve, pero es lo que hace que mi vida sea diferente a la de los demás, esa fuerza interior que me dice qué hacer, a dónde ir y cómo amar, que no se agota por más cansado que me encuentre y que me hace sentir el hombre más afortunado y feliz de la Tierra con la familia que tengo y con las bendiciones que la vida me ha dado.

El alma es el pedacito de Dios que todos tenemos dentro. Somos un pedazo de la creación divina. Dios nos ha creado a imagen suya, y nos ha regalado un alma para ser capaces de crear nuestra propia creación, nuestro universo. Lo que engrandece a un ser humano es la capacidad de expandir su alma.

Cada persona va creando su propia vida, su universo, y todo lo que refleja en su vida es producto de sus decisiones. Construyamos un universo como lo queremos, mediante acciones diarias que nos llevarán a vivir una vida más plena y feliz.

Algunos aprendizajes sobre el alma:

1. Tenemos el poder de crear cosas maravillosas en nuestra vida.
2. El alma es lo que nos inspira a ser mejores y lograr nuestros anhelos más profundos.

Acciones concretas para escuchar a nuestra alma. Ejemplos:

- Me conecto con mi cuerpo, alma y mente a través de la meditación diaria.
- Descubro cada día qué es lo que mi alma anhela.

Escribe lo que harás para lograrlo:

1.

2.

3.

Dibuja un plan o ideas que te ayuden a lograrlo:

El ejemplo

Las palabras convencen, pero el ejemplo arrastra.
ANÓNIMO

Cuentan una historia en donde un papá estaba caminando con su hijo en la playa, y el papá le dijo a su hijo: *"Hijo, ten cuidado donde pisas"*. A lo que su hijo le responde: *"No papá, cuídate tú donde pisas, que yo sigo tus pasos."*

Cada paso que damos en la vida, día con día, es nuestro ejemplo que damos a los demás, empezando por nuestros hijos y por los que nos rodean.

Lo mejor que podemos hacer por nuestros hijos es amarlos con todo nuestro corazón con nuestro ejemplo, ya que lo que realmente deja huella en los demás no son las palabras sino la actitud que tengamos y las acciones que hagamos, cada día, a cada instante.

¿Qué ejemplo le queremos dar a nuestros hijos?

¿Una vida de mediocridad que nos conformamos con lo que la vida nos ofrece que nos lleva de aquí para allá sin un rumbo claro, que nos dejamos vencer por el miedo, la indiferencia, la apatía, creer que todo lo merecemos y nos cerramos en nosotros mismos?

¿O una vida llena de valores, de creer en nuestros sueños, de hacer que las cosas sucedan, de formar un legado de amor, salud, riqueza, abundancia, generosidad y agradecimiento?

La elección está en cada uno de nosotros, y en la medida en que lo reconozcamos, estaremos en la posición de vivir lo que realmente queramos lograr.

Este hecho me dio las siguientes alegrías y aprendizajes:
1. Lo más importante para nuestros hijos y para los demás, es el ejemplo que les demos cada día. El ejemplo es en lo que se fijarán e imitarán en sus vidas.

Acciones concretas para brindar un buen ejemplo. Ejemplos:
- Soy una persona trabajadora, alegre, íntegra y al servicio de los demás.

Escribe lo que harás para lograrlo:

1.

2.

3.

Dibuja un plan o ideas que te ayuden a lograrlo:

Da lo mejor de ti

Recuerdo que a mis trece años gané un Campeonato de Tenis en la categoría de 14 y menores, fue un torneo en donde participaban seis estados de la República Mexicana (Jalisco, Colima, Nayarit, Guanajuato, Aguascalientes y Zacatecas). Fue un momento increíble para mí, que lo llevo guardado en el corazón. Mi papá me cargó en sus hombros al final del partido y me hizo sentir el ser más extraordinario del mundo. Hay momentos inolvidables en la vida de una persona. Este fue uno de ellos para mí.

Al final del día, mi papá me escribió una carta diciéndome lo orgulloso que estaba de mí, que había jugado con el corazón, que había demostrado que se pueden lograr las metas que uno se propone y que no hay límites para el que sueña, y que si seguía así algún día llegaría a ser un gran jugador profesional en donde las personas pagarían dinero por ir a verme jugar y lo harían con gusto.

Dos años antes había perdido en semifinales en el mismo torneo, me sentía muy triste y recuerdo que mi papá me dijo: Animo, voltea a ver las estrellas, pase lo que pase, las estrellas siempre están ahí, y mientras salgan las estrellas hay esperanza.

Son esos momentos donde uno más aprende, cuando eres capaz de sacar lo mejor de estos aprendizajes y derrotas, donde te haces más fuerte y te levantas para continuar, das todo para superarte a ti mismo y con el paso del tiempo los resultados llegan por sí solos.

En el campeonato que gané, fue una gran satisfacción de haber logrado algo grande, fue un premio al esfuerzo extraordinario de mucho entrenamiento constante y disciplinado por varios años, y ese logro fue algo más valioso para mí que haber ganado todo el dinero del mundo.

Después de esto fui creciendo, a pesar de darlo todo al Tenis no logré campeonatos nacionales ni llegar a ser un jugador profesional exitoso, en el que la gente fuera a verme y pagara dinero como lo hacen en los torneos ATP o internacionales.

Pero obtuve algo más grande: un corazón que nada en la vida me derrota y que me hace levantarme cada día para seguir adelante. El universo a su vez, me ha regresado una vida llena de abundancia en amor, en salud y en trabajo.

Quería una pareja hermosa con una relación extraordinaria, con hijos felices, verlos crecer y estar presente en su crecimiento… No solo se me concedió, sino que ha sido mejor de lo que pude haber imaginado. La vida me ha dato gratas sorpresas. La vida es hermosa cuando uno cree y pone todo su corazón para lograrlo.

Quería mucha salud para mi familia, la vida nos ha dado una vida llena de salud gracias al deporte, a la buena alimentación y a Dios que nos la ha conservado.

Quería mucho trabajo, nunca nos ha faltado el trabajo y lo necesario en casa.

Todo lo que he buscado y me he comprometido, la vida me lo ha regresado en una cantidad mucho mayor.

Este hecho me dio las siguientes alegrías y aprendizajes:

1. Cuando uno da lo mejor de sí, la vida te lo devuelve y te da lo mejor que la vida te puede ofrecer.

Acciones concretas para dar lo mejor de mí. Ejemplos:

- Doy mi mayor esfuerzo en todo lo que hago, poniendo mi corazón para lograrlo.
- Creo en mí mismo y confío en Dios que lo lograré.

Escribe lo que harás para lograrlo:

1.

2.

3.

Dibuja un plan o ideas que te ayuden a lograrlo:

El mejor campeonato

Los campeones están hechos de algo que tienen dentro de ellos: un deseo, un sueño, una visión.
MAHATMA GANDHI

Recuerdo una vez que, justo antes de participar en un Torneo de Tenis por Equipos CONADEIP (Comisión Nacional Deportiva Estudiantil de Instituciones Privadas), nuestro coach de la Universidad Mario Berruti, a quien admiro mucho, nos dio un mensaje inspirador que quedó grabado para toda mi vida. Nos dijo:

Ustedes ya son campeones en la vida, lo que suceda en el torneo es secundario, se han preparado fuertemente durante toda su vida para estar aquí, lograron su sueño de estar en esta universidad con su esfuerzo, levantarse cada vez que han tenido una derrota, y continuar hacia adelante. Han perseverado y siguen luchando en sus vidas para triunfar. Son gente que piensa y tienen una visión en su vida. Den lo mejor de ustedes cada día y serán campeones siempre.

En el torneo no logramos ser los campeones, pero dimos todo lo que estaba en nuestras manos, logramos ganarle al Tecnológico de Monterrey Campus Ciudad de México 3-2 que era un equipo muy fuerte, pero nos topamos con el Tecnológico de Monterrey Campus Estado de México y la Universidad de Las Américas

UDLA (Puebla), que tenían un gran equipo también. Cómo me hubiera gustado haber podido ganar un campeonato representando a la Universidad que me apoyó siempre, no nos fue posible, pero dimos todo por lograrlo. Nuestra Universidad adquirió respeto a partir de ese torneo y nos posicionamos entre las Universidades más fuertes en el tenis, y años más tarde la Universidad logró este campeonato nacional cuando ya me había graduado.

En los momentos difíciles, en las pretemporadas que hacíamos en vacaciones de verano a las siete de la mañana en ocasiones lloviendo mientras otros dormían, en las derrotas que sufrimos en los torneos… fueron esos momentos los que nos dieron más aprendizajes, los que nos hicieron crecer cada día más y fortalecieron nuestro interior para que nada ni nadie nos derrote en la vida.

Este hecho me dio los siguientes aprendizajes:
1. Ganar no siempre significa ser el primero. Ganar significa que lo estás haciendo mejor de lo que nunca antes lo has hecho.
2. El deporte te enseña a ser un campeón para la vida, independientemente de los campeonatos que logres tener.
3. En las adversidades es cuando más crece tu fuerza interior.
4. Un ganador es alguien que reconoce los talentos que Dios le ha dado, trabaja para desarrollar sus habilidades y usa esas habilidades para lograr sus objetivos.

Acciones concretas para ganar el mejor campeonato de mi vida. Ejemplos:
- Persevero hasta lograr lo que me propongo, nada me detiene.
- Entrego mi alma y cuerpo a mi familia, a mi trabajo, a lo que amo.

Escribe lo que harás para lograrlo:

1.

2.

3.

Dibuja un plan o ideas que te ayuden a lograrlo:

Descubriendo tus talentos

Cree en ti mismo. Eres más valiente de lo que piensas, más talentoso de lo que crees y capaz de más de lo que imaginas.
ROY T. BENNETT

Mi hija de 9 años el otro día se vistió de chef e hizo unos deliciosos hot-cakes, me hizo un desayuno que me hizo sentir especial y me transmitió todo su ser y amor a través de su talento de repostería. Aquí una foto del desayuno que me preparó:

Italia quiere ser repostera de grande, y también quiere tener su *spa*.

En el caso de Ian, le encanta la música, el fútbol y quiere ser piloto.

Estoy convencido que lo mejor como padres es apoyar a nuestros hijos en sus sueños y en lo que son buenos, no hay nada mejor que descubrir los talentos que tenemos desde pequeños, para potencializarlos al máximo y dedicarnos a aquello que nos apasiona.

Mi esposa descubrió su talento de servir a los demás a través de su inmobiliaria, buscando propiedades de renta y venta siendo la conexión entre el dueño y la persona que necesita comprar o rentar la propiedad. Se enfocó en ello y lo hizo realidad.

En mi caso, me costó más trabajo descubrir mis talentos desde pequeño, quería ser jugador profesional de tenis, pero no tenía un plan B. Al salir de la Universidad, estuve en varios trabajos que no me llenaban al 100%, no encontraba el trabajo que estaba buscando y me movía de un lado al otro sin tener una visión clara de lo que quería lograr a nivel profesional.

Pasaron varios años y decidí que estudiaría una Maestría en Administración de Negocios, ya que sentía que esto me abriría las puertas y me podría enfocar al área que más me llamaba la atención: la administración de los negocios y las finanzas.

Por fin enfoqué mis fuerzas para lograrlo, obtuve la Maestría con mucho esfuerzo y al terminar la maestría encontré el trabajo que tanto había estado buscando, fue así como entré a Lean Six Sigma Institute, en donde me he desempeñado durante mis últimos doce años de mi vida profesional, como encargado de la administración financiera y de los recursos de la empresa. Pude al fin hacer lo que me gusta, y ser bueno en lo que hago, pero tardé tiempo en descubrirlo.

Creo que entre más jóvenes podamos descubrir nuestros talentos y que es lo que nos apasiona en la vida, es lo que nos dará un sentido pleno a nuestra vida y nos hará felices.

El 90% de las personas termina trabajando por necesidad en algo que no les gusta, dedicándose a algo que no tiene que ver con lo que estudiaron o que no les apasiona.

Tenemos la tarea de descubrir nuestros talentos y aquello que nos gusta, y tener la fe de convertirlo en realidad para enfocarnos en aquello que nos apasiona.

Este hecho me dio las siguientes alegrías y aprendizajes:
1. Trabajar en lo que nos apasiona hace que disfrutemos más las cosas.
2. Descubrir para qué somos buenos, nos hace enfocarnos en ello, potencializar nuestros talentos y dar muchos frutos.
3. Todo lo que piensas se manifiesta. Si confías que ya lo tienes, lo manifiestas y lo logras.

Acciones concretas para descubrir y potencializar nuestro talento. Ejemplos:
- Dedico mi tiempo y esfuerzo para trabajar en lo que me gusta.
- Promuevo y apoyo a mis hijos a cumplir sus sueños, a que conozcan sus habilidades y a que las desarrollen.

Escribe lo que harás para lograrlo:

1.

2.

3.

Dibuja un plan o ideas que te ayuden a lograrlo:

Pensamientos

*Lo que somos hoy proviene de nuestros
pensamientos de ayer, y nuestros pensamientos
actuales construyen nuestra vida de mañana:
Nuestra vida es la creación de nuestra mente.*

BUDA

Cuando veo la vida que tengo actualmente, me doy cuenta de que todo lo que soy y todo lo que tengo es resultado de lo que he pensado y las decisiones que he tomado a lo largo de mi vida. Mi familia, mi trabajo, mi salud, el lugar donde vivo, mis relaciones con los demás, todo lo que soy... ha sido generado desde mis pensamientos y acciones, y es esto lo que ha determinado cómo es mi vida ahora.

Tenemos que aprender a dominar nuestra mente y nuestros pensamientos, ya que somos el resultado de nuestros pensamientos. Lo que viene de adentro es lo que nos construye. Si creamos cosas buenas viviremos cosas buenas. Si creamos cosas negativas eso mismo generaremos en nuestra vida. En eso que estás pensando, es precisamente lo que te estás convirtiendo. Así que, si queremos tener un cambio en nuestra vida, necesitamos pensar y actuar de forma diferente a como estamos pensando y actuando en nuestra vida diaria.

Como diría Joe Vitale: *"Tienes que tomar conciencia de tus pensamientos, debes elegir tus pensamientos cuidadosamente y divertirte con ellos, porque eres la obra maestra de tu propia vida"*.

En tus manos está el poder de vivir una vida plena y abundante, de crear cosas maravillosas, pero para ello primero debes de llenarte de pensamientos positivos y construir en tu mente la vida que deseas. Si realmente lo deseas, y pones toda tu alma y fuerzas en lograrlo, lo tendrás.

Quisiera terminar este tema con esta frase de Mahatma Gandhi:

> *"Mantén tus pensamientos positivos, porque tus pensamientos se convierten en tus palabras. Mantén tus palabras positivas, porque tus palabras se convierten en tus comportamientos. Mantén tus comportamientos positivos, porque tus comportamientos se convierten en tus hábitos. Mantén tus hábitos positivos, porque tus hábitos se convierten en tus valores. Mantén tus valores positivos, porque tus valores se convierten en tu destino."*

¿Qué he aprendido de todo esto?

1. Somos arquitectos de nuestro propio destino. Nuestra forma de pensar es lo que determina nuestro actuar y lo que somos en la vida. Todo lo que somos es el resultado de nuestros pensamientos y acciones tomadas en el pasado.
2. Si queremos un cambio en nuestra vida, necesitamos pensar y actuar de forma diferente.

Acciones concretas para construir mi propio destino. Ejemplos:

- Cuido todo lo que llega a mi mente, me lleno de ideas y pensamientos positivos.
- Sustituyo la televisión por la lectura.
- Si me llega un pensamiento negativo a mi mente, me doy cuenta en ese momento y cambio mi chip para sustituirlo por un pensamiento positivo que me ayude a sentirme mejor.
- Una vez que tengo mis pensamientos claros y están de acuerdo a mis objetivos, tomo manos a la obra para actuar.

Escribe lo que harás para lograrlo:

1.

2.

3.

Dibuja un plan o ideas que te ayuden a lograrlo:

Perseverancia

En mis primeros torneos profesionales de Tenis en Guadalajara, a mis diecisiete años, me tocó competir con uno de los favoritos para ganar el torneo. El partido estuvo muy parejo y nos fuimos a un tercer y decisivo set, en donde perdí 7-6 en muerte súbita. Al final del partido, el organizador del torneo, Eduardo Lasso, que había visto el partido (y que por cierto era un gran jugador de México que estaba entre los diez mejores jugadores en ese momento), me dijo: Lo único que te falta es desarrollar tu parte física, trabajar fuerte en el gimnasio para que tus golpes salgan con más fuerza. Trabaja en ello y los resultados vendrán solos, tanto que te sorprenderán.

La enseñanza que aprendí es que las cosas no se logran solo porque uno quiere. Cada día es una carrera y una batalla por conquistar. Además de querer y creer verdaderamente en tu propósito, uno tiene que poner manos a la obra y actuar con constancia, y esto es perseverar hasta lograr tus propósitos. Los hábitos se adquieren con la constancia de hacerlos cada día, y es la base para el logro de tus sueños. Los grandes objetivos no se logran con talento ni con dinero, se logran con pasión, paciencia y perseverancia.

Como diría Tomas Alva Edison, quien después de mil intentos logró descubrir cómo hacer un foco de luz: *"Muchos fracasos en la vida han sido de hombres que no supieron darse cuenta de lo cerca que estaban del éxito cuando se rindieron".*

Con el paso del tiempo, he cambiado mi sueño que tenía de ser un gran jugador profesional de tenis, a ser una persona bendecida en el que cada día pueda dar todo lo mejor de mí para construir mi mundo lleno de vida, de magia, de amor, de formar el mejor hogar de todos, la mejor familia, la mejor esposa, los mejores hijos y la mejor versión de mí mismo, para que a partir de ahí pueda reflejar todo ese gran amor para los demás, y pueda generar y compartir esa abundancia en todos los sentidos con los demás.

Esa es la base y el centro de mi vida, y a partir de ahí mi esposa y yo hemos empezado a construir proyectos juntos que puedan contribuir a una sociedad mejor, que sirvamos a los demás por medio de nuestros trabajos, que podamos realizar un proyecto de vida juntos para lograr generar abundancia y libertad financiera en el que cada día podamos generar más para ayudar a más personas. Generar más abundancia en valores, en fe, en esperanza, en recursos, en dinero, a aprovechar más nuestro tiempo y compartirlo al mundo. Estoy convencido que este es el camino para cambiar al mundo y que, si logramos contagiar a otros con esta energía y actitud en sus vidas, es cuando juntos podremos impactar al mundo de una forma increíble que ni siquiera lo podremos dimensionar.

Imagina un mundo en donde todo sea grandioso, todos estén felices de vivir, de soñar, de lograr todo lo que uno se propone, de ver la vida como un hermoso regalo que Dios nos dio y que no hay tiempo que perder para vivirlo y aprovecharlo al máximo...

¡Hagamos realidad este sueño juntos! Una vida en el que cada día todos nos levantemos y veamos lo mágico que es la vida y nos demos cuenta del milagro que es vivir, y que eso sea nuestro reflejo para contagiar a los demás con esa energía y felicidad que está en nuestra alma.

Esto para mí es vivir el reino de Dios desde ahora, una probadita de lo que nuestro creador nos tiene preparados para los que creemos en esta realidad que ya estamos creando desde hoy.

Este hecho me dio las siguientes alegrías y aprendizajes:
1. La importancia de perseverar en la vida con esfuerzo, dedicación y confianza en Dios.

Acciones concretas para perseverar en mis sueños. Ejemplos:
- Confío en Dios plenamente.
- Me enfoco en mis sueños, trabajo en ello con paciencia y dedicación.

Escribe lo que harás para lograrlo:

1.

2.

3.

Dibuja un plan o ideas que te ayuden a lograrlo:

Ser el mejor

En una posada que nos invitaron a mi esposa y a mí el año pasado, mientras cenábamos con nuestros amigos platicamos acerca de la competitividad en la vida actual. Algunos decían que buscar ser el mejor y ser competitivo es vital para triunfar en la vida. Y que esto nos hace crecer, tener tolerancia a la frustración, y seguir adelante en la vida. En la escuela nos enseñan a ser el mejor en las calificaciones, en el deporte de alto rendimiento nos enseñan a ser el mejor de todos y ganar los torneos, etc.

Yo difiero en este punto, considero que lo que la sociedad y el mundo necesita son personas que sepan trabajar en equipo y poner sus talentos al servicio de los demás, por encima de ser el mejor de todos.

Considero que "ser el mejor" debe significar más bien ser el mejor contigo mismo. Si cada día fuéramos mejor que ayer, el mundo sería mejor.

En la vida siempre habrá alguien mejor que tú. Los demás no deben ser tú punto de comparación. Cada quien tiene sus propias habilidades y talentos, y debe luchar consigo mismo. De lo contrario, puede provocar una gran insatisfacción para dicha persona.

Pongo un ejemplo:

Durante mi carrera de alto rendimiento en el Tenis, a pesar de dar todo mi mejor esfuerzo durante años, entrenar todos los días sin salir a fiestas, vivir una vida muy disciplinada, tratar de cada día ser mejor, etc… siempre había alguien mejor que yo. Esto me hacía superarme, pero el problema era que por más que intentaba no lograba estar dentro del Top 10 de México, y decidí mejor tomar una beca universitaria que me ofrecieron en la Universidad Panamericana gracias al Tenis. Considero que fue la mejor decisión de todas, ya que haber entrado a la Universidad me abrió las puertas a la vida, a plantearme un propósito por el que valía la pena luchar y a sentar las bases para una vida de abundancia.

Pero en su momento me generó mucha frustración el no lograr llegar a ser un jugador profesional exitoso de Tenis que era mi sueño desde niño. Gracias a Dios encontré un plan B que me abrió las puertas a algo mejor. Esa frustración se convirtió después en una bendición, y todos los aprendizajes que tuve en el deporte me han ayudado enormemente en la vida.

Aun así, considero que muchos deportes de alto rendimiento están mal enfocados. El enfoque debe ser desarrollar personas sanas, líderes, inspiradas, que nada los detenga y que sepan trabajar en equipo y logren sus sueños. Es prepararlos para la vida más que llegar a ser jugadores profesionales de ese deporte.

A veces en la vida creemos tener un sueño que nos hará feliz, pero en el camino nos damos cuenta que surgen nuevos sueños que son más grandes y que nos traerán más abundancia y felicidad a nuestras vidas.

Este hecho me dio las siguientes alegrías y aprendizajes:

1. A dar lo mejor de mí cada día, sabiendo que siempre habrá alguien mejor que yo.
2. A luchar por ser mejor conmigo mismo cada día.

Acciones concretas para ser el mejor conmigo mismo. Ejemplos:

- No me comparo con nadie, yo sé muy bien cuál es mi propósito y lucho cada día por ser mejor que ayer para lograrlo.
- Trato de aprender de los mejores para tratar de ser mejor en lo que hago.

Escribe lo que harás para lograrlo:

1.

2.

3.

Dibuja un plan o ideas que te ayuden a lograrlo:

Los planes de Dios

Norfi Carrodeguas

Cuando cursaba la Universidad tuve una novia que quise mucho, realmente era muy bonita y muy buena persona, aunque duré poco tiempo con ella, me sentía muy enamorado y feliz. Por alguna razón que no entendí, ella me terminó y fue un duro golpe para mí. Un buen amigo y compañero en la Universidad, recuerdo que me dijo: "Ánimo, que Dios tiene preparado algo mejor para ti". De momento fue difícil de entender y me sentía muy triste, pero con el tiempo aprendí que todo pasa por algo. Aunque no tenía pareja después de andar con ella, sentía en mi interior que ese amor que buscaba ya lo tenía en mi interior y que algún día llegaría el amor de mi vida y formaría la familia que siempre soñé. Cuatro años después conocí al amor de mi vida que estoy seguro Dios tenía preparado para mí, con la cual hemos formado una hermosa familia, hemos crecido juntos, con experiencias enriquecedoras y descubierto que cada día hay algo nuevo por descubrir, por amar, por lograr, por aprender.

Ahora, después de más de veinte años de este hecho en la Universidad, me doy cuenta de qué razón tenía mi buen amigo que me dijo que Dios tenía preparado algo mejor para mí.

Muchas veces nos aferramos a algo que queremos en la vida, y no nos damos cuenta que la vida nos tiene preparado algo mejor para nosotros. Todo en la vida llega a su tiempo, y los planes de Dios son perfectos para el que confía.

Les cuento otra historia:

Desde hace tiempo he querido escribir un buen libro que deje una huella en el mundo, pero era como un sueño a futuro que tenía y no hacía nada por hacerlo. Ahora me doy cuenta que estoy en el mejor momento para hacerlo, a pesar de que mi trabajo y mi familia me demandan mucho tiempo, lo quiero hacer porque es algo que me apasiona y encuentro los momentos para hacerlo realidad. Creo que Dios me preparó durante cuarenta y dos años para este momento, para compartirles las experiencias más valiosas que la vida me ha dado con el fin de ayudarles a crecer. Continuamente empiezo a recordar momentos que marcaron mi vida que vale la pena compartir, que anteriormente no los tenía, es como si mi voz interior me hablara y quisiera darla a conocer al mundo.

Yo pongo todo de mi parte para hacerlo realidad y dejo que Dios decida y haga el resto.

Estos hechos me han dado los siguientes aprendizajes:

1. Los planes de Dios son perfectos, todo llega a su tiempo si confiamos en nosotros mismos y en él.

2. La importancia de estar convencidos de lo que queremos en nuestro interior, poner todo nuestro corazón por lograrlo y dejar en manos de Dios el resto. Si es algo bueno y luchas por lo que quieres, Dios te ayudará a convertirlo en realidad.

3. La importancia de poner a Dios en primer lugar, es lo que nos hace vivir en amor y en armonía con nuestros seres queridos y con los que nos rodean.

Acciones concretas para confiar en los planes de Dios. Ejemplos:

- Pongo todo de mi parte para escribir un libro y hacerlo realidad, y dejo que Dios decida y haga el resto.
- Amo a mi familia y mi trabajo, no me preocupo por lo que pueda venir después, confío en Dios porque sé que, haciendo bien las cosas, todo saldrá bien.
- Pongo a Dios primero por encima de mi razón, de mis pensamientos y de mis prioridades. Estoy convencido que esto me acercará más a mi esposa e hijos.

Escribe lo que harás para lograrlo:

1.

2.

3.

Dibuja un plan o ideas que te ayuden a lograrlo:

Cambiando mi mentalidad de empleado a emprendedor

A lo largo de mis más de veinte años en mi vida profesional, he aprendido a cambiar mi mentalidad de empleado a emprendedor. En mi trabajo actual en Lean Six Sigma Institute, nos dedicamos a ayudar a las personas y a las empresas a ser exitosas, me gusta lo que hago y me siento útil de servir a los demás por medio de mi trabajo y cumplir con la misión que nos hemos definido. Me encargo de administrar los recursos de la compañía que es algo que me apasiona y que es el corazón de todas las empresas para generar una estructura sólida que permite la supervivencia y crecimiento de las mismas.

He aprendido a ver a mi trabajo como un Proyecto de Vida y no solo como un empleo más. Tuve la fortuna de que mi jefe, quien es el Fundador y director de la compañía, tiene una mente abierta a nuevas ideas y a generar una relación ganar-ganar en la que, si yo genero más para la compañía, logro también generar un ingreso adicional para mí, de tal forma que ambos podemos seguir creciendo en todos sentidos. Valoro mucho mi trabajo y sé que mi jefe me valora también, y esa reciprocidad es algo difícil de encontrar en las empresas.

Me he dado cuenta de que si logramos ser emprendedores en nuestros trabajos, con iniciativas propias, nuevas ideas y trabajo en equipo enfocado a resultados, se abren las puertas y oportunidades, tanto dentro como fuera de la empresa. Hoy en día veo oportunidades para emprender nuevos proyectos dentro y fuera de la compañía que antes no veía. Considero que estoy en el camino en este emprendimiento.

También me he dado cuenta de que, si uno quiere progresar en serio —hablando económicamente— debe cambiar su mentalidad y emprender nuevos proyectos. Hoy en día no podemos poner todos los huevos en la misma canasta, porque no sabemos qué nos depara el futuro en un mundo tan cambiante, en la que la única constante es el cambio.

No podemos aferrarnos a algo que hoy en día nos da resultados, necesitamos crear nuevas fuentes de ingreso porque no sabemos cuánto durará lo que hasta ahora nos ha dado resultados.

He aprendido lo más que he podido de mi jefe, la visión y liderazgo que tiene, y la mentalidad de lograr todo aquello que se propone, mediante un gran equipo de trabajo que estamos enfocados en una misma misión y visión.

He aprendido a que los ingresos se pueden obtener de muchas fuentes, y que la combinación de todas ellas es la que te da un crecimiento económico exponencial:

1. Sueldo / Honorarios.
2. Comisiones de ventas.
3. Utilidades de la compañía.
4. Ingresos pasivos que te generen un flujo continuo de dinero como pudieran ser: renta de bienes inmuebles, rendimien-

tos en inversiones, préstamos a empresas o profesionistas con poco nivel de riesgo.

5. Regalías de libros.
6. Inversiones en bienes inmuebles.
7. Inversiones en la bolsa.
8. Nuevos proyectos de inversión.
9. Entre otros.

También he aprendido a que, si tenemos claro la razón de ser de nuestro proyecto, de la compañía que tengamos o a lo que nos dediquemos, y nos enfocamos en el porqué, generaremos muchísimos mejores resultados a que si nos enfocamos en los cómo y en los qué. Los cómo y los qué se deben generar después de haber definido el porqué, que es la razón profunda de lo que somos y lo que hacemos, y todo se origina a partir de este punto.

Por ejemplo, el éxito de Apple no son los *smartphones*, las Mac o la tecnología. El éxito está en hacerle la vida más sencilla a las personas. Y a partir de ahí, se generan los cómo que son las estrategias para lograrlo, que es por medio del desarrollo de la tecnología para hacer la vida más sencilla a las personas. Y de ahí se desprenden los qué, que son los productos y servicios que Apple ofrece.

Otro ejemplo: el éxito de Lean Six Sigma Institute, la compañía en la que trabajo, no está en las certificaciones Black Belt que ofrecemos o en los cursos o asesorías que damos, sino en comprometernos a ayudar a las personas y empresas a lograr su éxito. De ahí generamos estrategias para lograrlo, que son los cómo, mediante una planeación estratégica que hacemos cada año. Y de ahí se desprenden los qué, que son los productos y servicios que ofrecemos (certificaciones, cursos, asesoría, software, entre otros).

El objetivo de iniciar un negocio no debe ser hacer dinero, esa es una consecuencia. El objetivo de emprender un negocio debe ser aportar un valor y una diferencia para los demás.

Ser empresario y tener la mentalidad de empresario, te permite tener muchas oportunidades en la vida, por mencionar algunas:

- Emprender nuevos negocios.
- Generar trabajo de calidad para las personas.
- Generar valor para las personas y empresas.
- Emprender proyectos de ayuda a la comunidad.
- Descubrir personas valiosas y amistades por medio del trabajo.
- Generar relaciones comerciales exitosas.
- Generar alianzas con emprendedores para realizar proyectos de alto impacto.
- Invertir en diferentes negocios.
- Diversificar tu patrimonio.
- Adquirir bienes inmuebles como inversión.
- Ayudar a tanta gente con tantas necesidades.
- Expandir tu mente a nuevas ideas y proyectos.
- Llevar tus proyectos a nivel mundial y llegar a todas las personas del planeta.
- No detenerte, tener una actitud de triunfo siempre.
- Lograr libertad financiera para disfrutar más la vida, administrar el tiempo como tú lo quieras, viajar cuando quieras, disfrutar más a tu familia, esposa (o), hijos, seres queridos.
- Tener una mejor calidad de vida.
- Ayudar a la iglesia, obra o grupo al que pertenezcas.
- Ayudar en obras de beneficencia.
- Disfrutar de tus hobbies y encontrar el tiempo para realizarlos.

- Generar abundancia para compartirla con los demás.
- Y muchas más.

La lista es interminable y no hay límites para un emprendedor. El único límite es la mente y un emprendedor domina su mente.

Podemos hacer tanto bien si estamos en esta posición con esta mentalidad. Hoy en día ya no es un lujo ser emprendedor. Tenemos que serlo para salir adelante. Tenemos que serlo en nuestra familia, en nuestros trabajos, en nuestras empresas, en nuestra sociedad, con nosotros mismos... el mundo nos lo pide a gritos, necesita personas valiosas como tú que estén dispuestas a generar nuevos proyectos, productos, servicios, empleos, etc. para el bien de la humanidad.

Si tienes hijos enséñales desde pequeños a emprender proyectos que les entusiasme, para que cuando crezcan y sean mayores tengan la capacidad de crear proyectos por sí mismos y puedan ganarse la vida aportando cosas grandiosas a la humanidad, sin depender de que alguien les dé un trabajo sino, más bien, que contribuyan a generar trabajo y generar valor a la humanidad.

Todo esto me ha dado las siguientes alegrías y aprendizajes:

1. Crecimiento personal, económico y profesional durante estos doce años que he trabajado en Lean Six Sigma Institute.
2. Abrir mi mente a una nueva forma de pensar y actuar.
3. Hacer un plan de vida para lograr libertad financiera para mí y mi familia.
4. Todo el bien que se puede hacer si uno es capaz de generar abundancia en su vida, no solo económica, sino en todos sentidos, como personas, en la salud, en el amor, en la amistad.

Acciones concretas para cambiar mi mentalidad de empleado a emprendedor. Ejemplos:

- Mi enfoque principal en mi trabajo está en aportar ideas de valor y hacerlas realidad, en facilitar el trabajo a mis compañeros a través del servicio, en cuidar al máximo los recursos de la compañía para que a todos nos vaya bien.
- Mi enfoque fuera del trabajo está en generar ingresos adicionales mediante el patrimonio que he generado junto con mi esposa, poner a trabajar el dinero que hemos logrado con más de veinte años de trabajo juntos, emprender en nuevos proyectos que tenemos en mente y en desarrollo, y con ello ser capaz de ayudar cada vez más a nuestra comunidad y a nuestro prójimo.

Escribe lo que harás para lograrlo:

1.

2.

3.

Dibuja un plan o ideas que te ayuden a lograrlo:

Buscar la excelencia

*La búsqueda de la excelencia con pasión
desenfrenada puede conducir al logro de
maravillas con una alegría sin igual.*

ABERJHANI

Estando en el tercer semestre de la Universidad, tuve una plática con mi mentor de la carrera, que era también el director de la Escuela de Ingenierías.

Me dio una lección de vida, más que un consejo sentí que me daba un mensaje hacia donde tenía que enfocarme para alcanzar el éxito y la felicidad. Sucedió así:

Yo tenía alrededor de veinte años, tratando de encontrar mi misión en la vida mientras estudiaba Ingeniería Industrial en la Universidad Panamericana de Guadalajara. Cuando inicié la carrera, éramos sesenta alumnos en la carrera de Ingeniería Industrial, generación 1998-2003. Para el tercer semestre, solo continuábamos veintisiete. La carrera era difícil, la exigencia especialmente en los primeros semestres era bastante. Yo tenía una beca gracias al deporte y a los estudios que había tenido hasta ese momento. Pero sentía una gran presión de continuar el ritmo que estaba llevando en aquel momento. Tenía que, no solo estudiar y obtener buen promedio para mantener mi beca, sino que todos los días entrenaba tenis con el equipo de la Universidad, por lo menos 2 horas diarias de lunes a sábado. Esto requería de una gran cantidad de energía y enfoque para dar buenos resultados tanto en el estudio como en el deporte.

Un día que sentía que mis fuerzas no daban para más, decidí ir con mi mentor para pedirle un consejo, le expliqué toda mi situación y lo que sentía en ese momento. Mi mentor, Humberto Ramírez a quien admiro como persona, agarró un papel y dibujó una gráfica en donde me dibujó a mí en un lugar y a la Excelencia en otro, y me dijo: *"Bernardo, tú estás en este lugar en este momento, y Dios te está pidiendo que estés en la excelencia. Tienes que trabajar en ello hasta que llegues a la excelencia"*.

Se me salieron las lágrimas y sentía que me pedía lo imposible, que lo había dado todo y no podía más, había pasado por muchos sacrificios en el deporte y en el estudio que me tenían a tope, no salir a fiestas ni viajes con mis amigos, estudiar al máximo toda mi vida, enfocarme en entrenar duro, cada vez más y más, darlo todo en los entrenamientos, etc.

"Continúa, da más de ti, confía en Dios y vas a ver que lo lograrás", me dijo.

Entré a su oficina pensando que me iba a decir que me comprendía completamente por todo lo que había hecho, pero salí de su oficina pensando en cómo había sido posible darme ese consejo que me sentía lejos de lograrlo.

Sentía que estaba al tope de mis capacidades, pero ni siquiera estaba cerca de lo que debería estar para lograr la Excelencia. Fue un semestre muy duro que me forjó como persona. En ese semestre, en una materia me fui a un extraordinario, el único en toda mi vida, perdí con ello parte de mi beca y se complicaron mis estudios, en ese momento sentía que todo se venía abajo y no sabía si seguiría en la universidad.

Pero creo que aprendí la lección, le pedí a Dios que me ayudara a lograrlo, a encontrar mi camino, y me enfoqué en el cuarto semestre a obtener noventa de promedio y lo logré, recuperé mi beca que había perdido y no solo eso, sino que en el equipo de tenis me aumentaron mi porcentaje de beca.

Creo que estaba intentando hacer las cosas solo y me faltaba el ingrediente principal: Dios. Poner en manos de Dios todo, no solo poner todo mi esfuerzo, sino confiar plenamente en él. Las cosas pueden parecer imposibles para las personas, pero para Dios todo es posible y alcanzable.

Me di cuenta de que, así como yo, todos mis demás compañeros tenían también que luchar en su propio camino, cada uno con circunstancias diferentes, unos con la necesidad de trabajar para pagar la universidad, otros estaban en el equipo de fútbol o basquetbol, que de igual forma les demandaba una energía extra al estudio, otros trabajando en las empresas de sus papás. Mi mejor amigo de la carrera, Luis Aguilera, a quien le mando un gran saludo, tenía que trabajar en la universidad para poder pagar sus estudios. Su familia vivía en Aguascalientes, así que él, por sí mismo, tenía que ganarse la vida, trabajar y pagar su universidad. El sí que estaba a una exigencia mucho mayor que la mía. Además, era integrante de una obra de la iglesia católica y tenía muchas responsabilidades y actividades a su cargo. Aun así, siempre tenía tiempo para ayudar a los demás, estaba siempre alegre, y era una persona inspiradora, recuerdo que tenía mucha fe en Dios y en él mismo. Aprendí mucho de él.

Hoy en día, Luis trabaja como director de Desarrollo de Aplicaciones en Microsoft en Seattle, USA. Tiene una hermosa familia con tres hijos. Son personas como Luis las que inspiran a lograr cosas grandes en la vida, las que marcan y dejan huella en los demás.

Cada uno con un camino diferente pero unidos por un mismo objetivo, que era ser Ingenieros Industriales de la Universidad Panamericana. Gracias a Dios todo salió de maravilla y pude terminar la Universidad. Al salir de la Universidad, me sentía orgulloso y salí pensando que ya había logrado tanto en la vida, que encontraría fácilmente un trabajo bien remunerado, que mi vida se resolvería, pero me di cuenta que esto solo era el inicio de todo un camino por recorrer, y que lo que verdaderamente me dio la Universidad y el deporte, fueron darme las bases para prepararme para la vida que en realidad vendría.

Este hecho me dio las siguientes alegrías y aprendizajes:

1. Poner todo tu esfuerzo nunca es suficiente. Tienes que confiar en Dios y amar lo que haces para lograr la excelencia.

2. Cuando piensas que has logrado tus objetivos, eso es apenas el inicio de toda una vida por recorrer llena de retos y bendiciones que vendrán. El logro de tus objetivos te impulsarán a tener metas más grandes y ser cada vez mejor.

3. Talvez nunca lleguemos a la perfección, pero es el camino a la perfección lo que nos hace llegar a la excelencia.

4. Las personas exitosas, por más ocupadas que estén, siempre encuentran el tiempo para ayudar a los demás y hacer lo que aman.

5. Seguir cuando crees que no puedes más, es lo que te hace diferente a los demás.

Acciones concretas para buscar la excelencia. Ejemplos:

- Me enfoco en hacer lo que amo y confío en Dios para que me lleve hasta donde él quiere llevarme.
- Dedico tiempo en ayudar a otros para que logren sus objetivos.
- Continúo y persevero en mi camino de la vida hasta alcanzar la excelencia.

Escribe lo que harás para lograrlo:

1. ....

2. ....

3. ....

Dibuja un plan o ideas que te ayuden a lograrlo:

Define la vida que quieres tener

No seas una de aquellas personas que tienen una carrera, sé de aquellas que tienen una vida.
EDGAR MORÍN

Siempre he pensado que en las escuelas ha faltado la asignatura más importante de todas, que es una asignatura para definir qué vida quieres tener y qué vas a hacer para lograrlo. Recuerdo que estando en tercer semestre en la carrera de Ingeniería Industrial, donde iniciamos sesenta alumnos y después de año y medio ya solo continuábamos veintisiete, me cuestionaba porqué la carrera era tan demandante y exigente, y si valdría la pena dedicar tanto esfuerzo en sacar la carrera adelante. Yo tenía claro que cuando terminara la universidad, me abriría las puertas a una vida más sencilla, a buenos trabajos, a sacar a mi familia adelante una vez que decidiera formar una familia, etcétera, y eso fue lo que hizo que me impulsara a terminar mi carrera.

Pero no todos considero que lo ven así, hay muchos que se pierden en el camino, que estudian sin una razón profunda de porqué están estudiando dicha carrera, que trabajan en lo que las empresas les ofrecen sin siquiera pensar si a eso se quieren dedicar, y la vida los va llevando de un lugar a otro sin un rumbo claro de a dónde quieren ir.

Siempre me he preguntado por qué no existe una materia desde la primaria hasta la universidad en donde te ayudaran a descubrir tu propósito, la vida que quieres tener, cuáles son tus sueños, cómo lo puedes lograr y cómo con ello puedes servir a otros.

Creo que sería mucho más sencillo el lograrlo. Nunca es tarde para darte cuenta de ello y cambiar tu rumbo, pero entre más joven lo descubras, será más fácil que logres tus sueños más rápido, porque tendrás un enfoque claro de cómo hacerlo y enfocarás todas tus energías para lograrlo.

Las personas trabajarían más en lo que les gusta sin miedo al fracaso. Es frustrante que más del 90% de las personas trabajen en algo que no les gusta o no les apasiona, y solo trabajan porque necesitan su sueldo para sobrevivir y sacar a sus familias adelante.

Tengas estudios o no, lo importante es que vivas una vida como te la propusiste, con un enfoque claro en lo que quieres lograr y que con ello puedas servir a los demás. En eso consiste la felicidad, y te darás cuenta que la felicidad está en disfrutar del camino diario para lograr tu propósito.

Este hecho me dio las siguientes alegrías y aprendizajes:
1. Lo más importante en la vida es descubrir un propósito claro de tu razón de ser, que es lo que te impulsa a tener una vida de abundancia.
2. Tener claro tu propósito de vida, te ayuda a decidir el rumbo que quieres tomar, y no dejarte arrastrar a donde la vida te vaya llevando.

Acciones concretas para definir la vida que quiero. Ejemplos:
- Tengo definido por escrito mi Propósito de Vida. Lo leo continuamente, y pongo manos en acción para cada día acercarme más y más a él.

- Si durante el camino, me doy cuenta que puedo perfeccionar mi propósito, lo hago y lo escribo.
- Veo con claridad la vida que quiero tener, en amor, en salud, en trabajo, en dinero, en proyectos, en espiritualidad.

Escribe lo que harás para lograrlo:

1.

2.

3.

Dibuja un plan o ideas que te ayuden a lograrlo:

Despertando al campeón que llevas dentro

Nací para ser campeón del mundo.
Roberto Durán

Cuando estaba en la Universidad en la materia de Filosofía (aunque estudié Ingeniería Industrial llevaba materias de Filosofía), tuve un gran maestro, Juan López Padilla, que me hizo ver que lo más importante en la vida es la Actitud que uno tenga ante cualquier situación. Al finalizar dicha asignatura, escogí desarrollar un ensayó que se tituló *La Actitud ante la vida*, y en el ensayo empecé a escribir acerca de cómo desde que nacemos ya somos campeones, y ya tenemos un ADN triunfador que corre por nuestras venas. Como dice el dicho: *"Una vez campeón, siempre un campeón"*.

Después de haber entregado el ensayo, el profesor lo revisó y me mandó llamar a su oficina. Le gustó mucho mi ensayó y me preguntó que porqué creía que todos los seres humanos ya somos triunfadores desde que nacemos. Le respondí que cada espermatozoide que después se convierte en un ser humano, logró llegar primero al óvulo y fecundarlo ganándole a cientos de millones de competidores, y que eso hacía a cada ser humano un ser único y triunfador. Y eso es solo el inicio de la vida.

El problema es que a medida que vamos creciendo nos dejamos influenciar por los demás, uno se empieza a llenar de miedos, inseguridades, temores, angustias y decide irse a menudo por lo ya conocido, por lo que han hecho tus papás, por lo que está haciendo tu entorno y tus amigos, y dejas de perseguir tus sueños.

Es hora de despertar ese Campeón que llevamos dentro, que sigamos nuestros sueños, que sintamos correr la sangre por nuestras venas y que logremos todo aquello que nos proponemos para alcanzar vivir una vida plena y feliz. Nacimos para ser campeones en el mundo.

Cuando jugaba tenis en mi infancia y juventud, mi papá iba emocionado a verme jugar en los torneos, cada que hacía un buen tiro, una buena jugada o que me esforzaba en algo, siempre decía: "Vamos Champ". Y esas palabras siempre las repito y las llevo en mi corazón. Mis amigos del tenis me dicen Champ desde pequeño, y sé que pase lo que pase en el mundo siempre seré un campeón en el mundo si doy lo mejor de mí para el mundo.

Ahora mi esposa y yo le decimos Champ a nuestro hijo, de pequeño le decíamos "Champito" y hasta le compusimos canciones con este apodo, pero ya tiene catorce años y ahora es nuestro "Champ".

El punto al que quiero llegar es que todos somos Campeones siempre, que es de vital importancia que cada día nos lo digamos nosotros mismos y a los nuestros para creérnosla. Debemos inspirar a otros para que descubran que también lo son.

No se trata de ganar siempre, se traba de ser campeones en la vida, de triunfar, de lograr cumplir nuestros sueños, de vivir cada día poniendo todo el corazón en aquello que nos entusiasma, ya que en el camino hacia nuestros sueños es donde se encuentra la felicidad.

Recuerdo que en un torneo nacional de tenis en el que competí en la categoría de 16 años y menores, en un partido que perdí pero lo di todo en la cancha, al final del partido mi papá se me acercó y me contó que me había visto jugar un entrenador del equipo de tenis universitario del Tecnológico de Monterrey Campus Ciudad de México, y le dijo que yo había sido el único jugador que más le había llamado la atención en el torneo, y que si seguía así, jugando con esa inspiración y personalidad única, algún día eso me llevaría a ser un gran jugador.

Se me quedaron grabadas esas palabras, yo siempre me caractericé por ser un jugador aguerrido y luchón, no tenía una técnica espectacular ni un talento tan grande como lo tenían otros jugadores, pero lo dejaba todo en la cancha.

Ahora, veinticinco años después de este evento, me he propuesto ser ese gran jugador, ya no como un jugador de tenis, sino como un gran jugador en el mundo, que aporte un valor único a los que me rodean y que pueda inspirar a otros a ser lo mismo.

Este hecho me dio las siguientes alegrías y aprendizajes:
1. El valor que tenemos como personas desde que nacemos.
2. La actitud nos lleva a ser campeones de la vida.

Acciones concretas para ser un campeón: Ejemplos:
- Doy lo mejor de mí cada día desde que me levanto.
- Llevo una actitud positiva dentro de mí en todo lo que hago y lo que me sucede.

Escribe lo que harás para lograrlo:

1.

2.

3.

Dibuja un plan o ideas que te ayuden a lograrlo:

La pandemia

Si después de esta pandemia no somos mejores personas, entonces no habremos aprendido nada de la vida.

ANÓNIMO

Hoy en día llevamos ya más de dos años viviendo esta Pandemia del Coronavirus. Un golpe duro para la humanidad, millones de personas han muerto y miles de millones han estado enfermas, millones de personas se quedaron sin trabajo por la crisis económica que se generó. La salud y la economía han sido fuertemente golpeadas.

Ver que la vida se va en un abrir y cerrar de ojos, la vida tan frágil que tenemos, que se puede ir en cualquier momento...

Por otro lado, si vemos el lado positivo, hay mucho aprendizaje que este evento nos ha dejado. En lo personal, me ha ayudado a equilibrar mi vida, a pasar más tiempo con mi familia y mis hijos, a retomar hacer ejercicio físico, a hacer meditación que me ha ayudado a llenarme de paz y de abundancia interior, a trabajar con más enfoque, y a dedicar tiempo a lo realmente importante, a reflexionar sobre mi vida y a ayudar más a los menos afortunados. A la necesidad que tenemos como seres sociales y a valorar a los amigos y seres queridos, a añorar los abrazos, las reuniones y el contacto físico.

Me pongo a pensar si un virus tan pequeño que ni siquiera se ve a simple vista, pudo hacer tanto daño a la humanidad, cómo también cada uno de nosotros, que somos mucho más importante que un virus, podemos hacer tanto bien a la humanidad.

Si nos ponemos a pensar, en un mundo globalizado que estamos viviendo, una sola persona también puede hacer la diferencia para millones de personas, influenciando para bien o para mal a través de su ejemplo, sus comentarios, sus publicaciones diarias, su forma de interactuar con los demás. Y estoy convencido, que lo que estamos haciendo en este momento, en algún otro lugar del mundo está repercutiendo esta misma acción que estamos haciendo.

Recuerdo una frase de la película de Klaus que vale la pena aplicar en nuestras vidas: *"un acto sincero de bondad siempre provoca otro"*.

Realmente está a nuestro alcance inspirar y ayudar a otras personas, ya sea con un consejo, con ayuda económica, con ayuda espiritual, con una sonrisa, o con cualquier otra cosa que se te ocurra y haga un bien a alguien.

Tomo el ejemplo de Magnificat.tv, encabezado por el Padre Santiago desde España, quien aprovecha los medios tecnológicos y transmite sus mensajes y homilías todos los días a través de su página web y de Youtube a cientos de miles de personas, causando un impacto positivo en las personas de todo el mundo cada día más, con mensajes claros y concretos para ponerlos en práctica en nuestra vida diaria.

Seamos la diferencia que el mundo necesita, seamos ese efecto pandemia bueno que inspire a millones de personas a ser un mundo mejor.

Pero si no llegamos a miles o millones de personas no importa, basta con que marquemos la diferencia para una sola persona y que la hagas sentir especial y amada, para que valga la pena tu vida. Porque lo que das, es lo que recibes.

¿Qué he aprendido de todo esto?
1. El regalo tan grande que es la vida.
2. A vivir cada día como un regalo, ya no preocuparme tanto por el futuro.
3. A valorar más la vida y mi familia.

Acciones concretas para inspirar a otros. Ejemplos:
- Aprovecho mi tiempo en lo que realmente es importante para mí.
- Analizo la manera en que puedo inspirar y ayudar a más personas.

Escribe lo que harás para lograrlo:

1.

2.

3.

Dibuja un plan o ideas que te ayuden a lograrlo:

Estar abierto a nuevas ideas

La mente que se abre a una nueva idea jamás
regresa a su tamaño original.
Albert Einstein

Un sábado por la noche visitamos a los papás de un compañero de mi hijo Ian de su escuela, nos recibieron en su casa con mucha calidez humana, convivimos un buen rato, y esa noche aprendí bastantes cosas nuevas. Martín García, un gran amigo y persona, me explicó todo el proceso acerca de la producción de semillas de maíz y vegetales. Martín trabaja en Bayer, una compañía importante a nivel mundial (antes Monsanto) y es el encargado de la producción de semillas de vegetales en México, el cual se exporta también a Latinoamérica. Entendí el proceso del maíz y vegetales desde su producción hasta el consumo humano y animal. Eran las once de la noche y queríamos seguir platicando del tema. La pasión con la que me decía las cosas hacía que todo fuera interesante y que siguiéramos platicando del tema.

Cuando observo y convivo con mis hijos, me doy cuenta que están tan llenos de vida, de nuevas ideas, de ilusiones que me contagian su energía y buena vibra. Como dijo Jesús de Nazaret: *Tienes que ser como niño para entrar en el reino de los cielos.*

Y es que los niños tienen una mente abierta para aprender cada día algo nuevo, son espontáneos, libres, auténticos, se entusiasman, tienen amigos, además de que saben perdonar con facilidad. Aprendo mucho de mis hijos y trato de llenarme de su energía y su manera de ver la vida.

A lo largo de mi vida he aprendido que abrirse a nuevas ideas, a nuevas formas de pensar y a renovarse constantemente en todo tu ser, te abre las puertas a una vida más plena y con más oportunidades.

Este hecho me dio los siguientes aprendizajes:
1. Estar entusiasmado con algo nuevo te genera nuevos aprendizajes y te hace disfrutar más la vida.
2. Las personas que se dedican a lo que les apasiona son muy felices.
3. Lo mejor que se puede compartir es el conocimiento.
4. Estar abierto a nuevas ideas te enriquece y te hace crecer como persona.

Acciones concretas para poner en práctica el estar abierto a nuevas ideas. Ejemplos:
- Me reuniré con personas positivas que les guste compartir sus conocimientos y experiencias con los demás.
- Leeré por lo menos un libro cada mes para crecer interiormente y pueda compartir también mis conocimientos y mis experiencias con los que me rodean.
- Aprenderé cada día algo nuevo y lo compartiré con mi familia.
- Trataré de renovarme en todo mi ser cada día de mi vida.

Escribe lo que harás para lograrlo:

1.

2.

3.

Dibuja un plan o ideas que te ayuden a lograrlo:

Lectura

Debo confesar que de niño no me gustaba leer. Leía por obligación en la escuela. No había encontrado el libro correcto para despertar mi interés en la lectura.

Fue hasta la Universidad cuando uno de mis mejores amigos me dio el libro de "La historia sin fin". Desde ahí se abrió mi mente a volar mi imaginación a lugares extraordinarios, a pensar fuera de la caja, a encontrar un sentimiento de libertad con cada libro que leía.

Después me encantó leer "El libro del tesoro", que es uno de mis libros favoritos.

Posteriormente toda la saga de Harry Potter, y otros libros que continué leyendo y despertaron mi interés por la lectura. Hoy en día mi interés está más enfocado en libros de negocios y de superación personal, pero sigo teniendo esa sensación de crear en mi mente cosas maravillosas y de sentirme libre.

Una vez que te enganchas con un libro, no puedes dejar de leerlo, y te abre un mundo de imaginación que deja una huella única en ti. Como dice el dicho: *Leer nos hace soñar y soñar es crear.*

La lectura es importante porque desarrolla nuestros pensamientos, nos brinda un sinfín de conocimientos y lecciones mientras mantenemos nuestras mentes activas.

La complejidad de nuestro mundo y el ritmo de aprendizaje están creciendo de manera tan exponencial, que la importancia de leer cada día aumenta, la capacidad de leer y retener información se vuelve primordial si quieres tener éxito en el mundo en que vivimos. La lectura expande tu mente.

Un buen libro es un tesoro, cuando vayas a dar un regalo, regala un buen libro que consideres que vaya a interesarle a esa persona, en lugar de una cosa material que pronto se olvidará.

Si algo no me gusta en mi vida es esperar, siento que es una pérdida de tiempo esperar en filas y no hacer nada. Pero ahora, siempre cargo un libro y una libreta conmigo, siempre que tengo que esperar en algún lugar o encuentro un tiempo libre, me pongo a leer y a escribir ideas que se me vienen a la mente que sé que me ayudan en mi vida personal, así como a plasmarlas en este libro.

Leer hace que mi mente y mis horizontes se expandan, abrirme a nuevas ideas y renovar constantemente mi forma de pensar y de actuar. Leer hace que crezca mi alma y me llena de energía para cumplir mis sueños.

Dicen que un buen libro y un buen maestro pueden cambiar al mundo… así que espero que este libro contribuya a este objetivo.

Quisiera compartirles frases de algunas personas importantes en la historia que vale la pena reflexionar, para descubrir lo grandioso que es entrar al mundo de la lectura:

«Cuando aprendas a leer, aprenderás a pensar, y cuando aprendas a pensar, serás completamente libre». Anónimo

«La gente pobre tiene grandes televisores. Los ricos tienen grandes bibliotecas». Jim Rohn.

«Leí un libro un día y toda mi vida cambió». Orhan Pamuk.

«Hoy lector, mañana líder». Margaret Fuller.

«Una mirada a un libro y escuchas la voz de otra persona, tal vez alguien muerto por 1,000 años. Leer es viajar a través del tiempo». Carl Sagan.

«Un lector vive mil vidas antes de morir… El hombre que nunca lee vive solo una». George R. R. Martin

«Esa perfecta tranquilidad de la vida, que no se encuentra en ningún lado sino en el retiro, un amigo fiel y una buena biblioteca». Aphra Behn. 1640-1689. Dramaturga, escritora y espía británica.

«Adquirir el hábito de leer es construir para ti un refugio de casi todas las miserias de la vida». W. Somerset Maugham. 1874-1965. Escritor británico, autor de novelas y obras de teatro.

«Los días lluviosos se deben pasar en casa con una taza de té y un buen libro». Bill Watterson. 1958- Dibujante estadounidense, conocido por ser el autor de la tira cómica Calvin y Hobbes.

«Creo que nunca hay suficientes libros». John Steinbeck. 1902-1968. Fue un escritor estadounidense ganador del Premio Nobel de Literatura.

«Si no te gusta leer, no has encontrado el libro correcto». J.K. Rowling.

«La lectura de todos los buenos libros es como una conversación con las mejores (personas) de los últimos siglos». Descartes. 1596-1650. Filósofo, Matemático y Físico francés.

«Mientras más leas, más cosas sabrás. Cuanto más aprendas, más lugares irás». Dr. Seuss.1904-1991. Escritor y Caricaturista Estadounidense.

«*En el caso de los buenos libros, el punto no es ver cuántos de ellos puedes atravesar, sino más bien cuántos pueden llegar a ti*». Mortimer J. Adler.

«Un buen libro es un evento en mi vida». Stendhal.

«*Leer nos trae amigos desconocidos*». Honoré de Balzac.

«Siempre tenía dos libros en el bolsillo, uno para leer y otro para escribir». Robert Louis Stevenson.

«*Una vez que has leído un libro que te interesa, una parte de él siempre está contigo*». Louis L'Amour.

«Puedo sobrevivir lo suficientemente bien por mi cuenta, si me dan el material de lectura adecuado». Sarah J. Maas.

«El hombre leyendo debería ser un hombre intensamente vivo. El libro debería ser una bola de luz en una mano». Ezra Pound.

«Muchas personas, yo entre ellas, me siento mejor con solo ver un libro». Jane Smiley.

«Lea los mejores libros primero, o puede que no tenga la oportunidad de leerlos en absoluto». Henry David Thoreau.

«Los libros sirven para mostrarle a un hombre
que sus pensamientos originales no son muy
nuevos después de todo». Abraham Lincoln.

«Algunos libros nos dejan libres y otros nos hacen
libres». Ralph Waldo Emerson.

«Una vez que aprendas a leer, serás para
siempre libre». Frederick Douglas.

«Hay muchas pequeñas formas de agrandar el mundo
de su hijo. El amor a los libros es lo mejor de todo».
Jacqueline Kennedy Onassis.

«Un libro es un regalo que puedes abrir una y
otra vez». Garrison Keillor.

«Llena tu casa con montones de libros, en todas las grietas y todos los rincones». Dr. Seuss.

«Muéstrame una familia de lectores y te mostraré a las personas que mueven el mundo». Napoleón Bonaparte.

«Un clásico es un libro que nunca ha terminado de decir lo que tiene que decir». Italo Calvino.

«Siempre he imaginado que el paraíso será una especie de biblioteca». Jorge Luis Borges.

«Ningún entretenimiento es tan barato como leer, ni ningún placer tan duradero». Mary Wortley Montagu.

«Si vas a llegar a cualquier parte de la vida, tienes que leer muchos libros». Roald Dahl.

«Ah, qué bueno es estar entre personas que leen». *Rainer Maria Rilke.*

«Los libros son una buena compañía, en tiempos tristes y felices, porque los libros son personas, personas que han logrado mantenerse vivas escondiéndose entre las portadas de un libro». E.B. Blanco.

«Afortunadamente, siempre viajo con un libro, en caso de que tenga que esperar en línea a Santa, o algún inconveniente». David Levithan.

"Fuera de un perro, un libro es el mejor amigo de un hombre. Dentro de un perro, está demasiado oscuro para leer «. Groucho Marx.

«LOS LIBROS ROMPEN LOS GRILLETES DEL TIEMPO, PRUEBA DE QUE LOS HUMANOS PUEDEN HACER MAGIA». CARL SAGAN.

«Emplea tu tiempo en mejorar tu vida con los escritos de otros hombres para que vengas fácilmente por lo que otros han trabajado duro». Sócrates.

«Leer para mí es pasar tiempo con un amigo».
Gary Paulsen.

«Desde la lectura de buenos libros llega una riqueza
de vida que no se puede obtener de ninguna otra
manera». Gordon B. Hinckley.

«¿Cuántos hombres han echado una nueva era
en su vida a partir de la lectura de un libro?».
Henry David Thoreau.

«La lectura es una herramienta básica para vivir una
buena vida». Mortimer J. Adler.

«Es una gran cosa comenzar la vida con una pequeña cantidad de libros realmente buenos que son tuyos». Arthur Conan Doyle.

«Qué mejor ocupación, en realidad, que pasar la noche junto al fuego con un libro, con el viento golpeando las ventanas y la lámpara encendida». Gustave Flaubert.

«Estoy pasado de moda y creo que leer libros es el pasatiempo más glorioso que la humanidad haya ideado». Wisława Szymborska.

«Nunca pospongas hasta mañana el libro que puedes leer hoy». Holbrook Jackson.

«Cuando aprendas a leer, volverás a nacer … y nunca volverás a estar tan solo». Rumer Godden.

«Los libros son faros erigidos en el gran mar del tiempo». E.P. Whipple.

«Son los libros la clave del mundo entero; si no puede hacer nada más, lea todo lo que pueda». Jane Hamilton.

«Estaría más contento si mis hijos crecieran para ser el tipo de personas que piensan que la decoración consiste principalmente en construir suficientes estanterías para libros». Anna Quindlen.

«Leamos y bailemos, dos diversiones que nunca le harán daño al mundo». Voltaire.

«*Defenderé la importancia de los cuentos antes de dormir hasta mi último suspiro*». *J. K. Rowling.*

Acciones concretas para entrar al mundo de la lectura. Ejemplos:

- Todos los días leo por lo menos 20 minutos.
- Elijo libros que sean de mi interés.
- Siempre cargo en el carro y en mi mochila con un libro, una libreta y una pluma, porque quiero aprovechar cada instante de mi tiempo al máximo.
- Mis regalos de ahora en adelante serán libros que sirvan a las personas a crecer, y que sean una inspiración para desarrollar en ellos todo su potencial.
- Estoy empezando a crear mi biblioteca personal de libros, donde mi mente se expanda y cada día aprenda cosas nuevas.
- A partir de este año, me propuse leer un libro por mes.

Escribe lo que harás para lograrlo:

1.

2.

3.

Dibuja un plan o ideas que te ayuden a lograrlo:

Hacer sentir especial a alguien

En el tema de *Da lo mejor de ti*, les conté de cómo mi papá me escribió una carta al término del campeonato de tenis que logré a mis trece años.

Mi papá me hizo sentir especial y extraordinario con ello, fue un momento que me marcó mi vida y lo llevo siempre en mi corazón. Esto influyó positivamente en mi confianza en que todo en la vida se puede lograr y en lo valioso que soy para él.

¿A quién hacemos sentir especial y extraordinario en nuestras vidas?

¿A tu esposa? ¿A tus hijos? ¿A tu pareja? ¿A tus papás? ¿A tu prójimo?

La vida me ha enseñado que todo lo que uno de a los demás, se te regresa en mucho más que eso… si das amor sin esperar nada a cambio, la vida te sorprende y te da muchísimo más amor que ni te imaginas. Si das esperanza a los demás, el universo te llena de esperanza para ti y los tuyos. Si compartes tus recursos y dinero con los demás, la vida te regresa con abundancia económica y con trabajo.

Es algo en el que no hay límites, la abundancia es sentirte como si tu vida fuera un océano de bendiciones y que quieres compartirla con los demás en todos aspectos. Quieres más para dar más y eso es lo que te hace crecer y sentirte vivo.

Hace tiempo mi jefe del trabajo me comentó que la Universidad donde más le había gustado dar clases fue en la Universidad Panamericana, porque era donde lo más lo trataban como persona, lo hacían sentir como alguien especial y valioso, se interesaban no solo por sus clases, sino que iban más allá, le preguntaban acerca de cómo iba en su vida, en cómo podían ayudarle a crecer y a desarrollarse mejor.

Cuando mi esposa me pregunta por qué la amo, le contesto que la amo porque cada día me hace sentir especial y eso me inspira a dar lo mejor de mí y a ser cada día una mejor persona.

Cuando una persona hace sentir importante a alguien, el universo hace sentir importante a esta persona también.

Hay una película que me gusta mucho que se llama *Marley y yo*, al final de la película el mensaje es precisamente este: ¿A quién hacemos sentir especial en nuestras vidas? Alguien a quien no le importe que seas rico, pobre, inteligente o no, simplemente que te acepte y te ame tal como eres.

Hagamos sentir especial a los que nos rodean, empezando por nosotros mismos, por nuestras familias y por nuestro prójimo, todos somos partes de esta maravillosa creación y merecemos tratarnos de la mejor manera que podamos ofrecer.

Este hecho me dio las siguientes alegrías y aprendizajes:

1. La importancia de hacer sentir a alguien especial en tu vida.

Acciones concretas para hacer sentir a alguien especial. Ejemplos:

- Hoy haré algo diferente por hacer sentir especial a alguien.

- Trato de ir más allá en mi trabajo para no solo cumplir con mis deberes, sino para inspirar y ayudar a otros a través de lo que hago.

Escribe lo que harás para lograrlo:

1.
....

2.
....

3.
....

Dibuja un plan o ideas que te ayuden a lograrlo:

La mejor herencia para nuestros hijos

*Hasta el hombre más pobre puede dejar a su hijo
la herencia más rica: su amor incondicional.*
ANÓNIMO

*Háblale a tus hijos como si fueran las personas
más sabias, amables y mágicas que conozcas,
porque al creer que lo son, en eso se convertirán.*
BROKE HAMPTON

El domingo siguiente a la Navidad del año pasado, mi familia y yo fuimos a entregar algunos regalos de navidad que nos hacían falta. Al principio mis hijos no querían ir, porque querían disfrutar el día libre y de descanso que teníamos en familia.

Empezamos visitando a la Casa Hogar que tienen alrededor de treinta niñas, la mayoría pequeñas. Les llevamos un juguete o juego de mesa a cada una con motivo de la Navidad, y les veíamos sus caras de felicidad al recibir su juguete, que se pusieron a jugar inmediatamente entre ellas junto con nuestros hijos. Fue un momento de convivencia en el que todo se olvida y todos somos iguales. Al final que nos despedimos de las niñas y de las madres, mi hija Italia nos dijo a mi esposa y a mí: *"Me encantó venir, quiero empezar a venir más seguido y compartir con las niñas, no sé por qué dejamos mucho tiempo sin venir a visitarlas".*

Después de esto fuimos a visitar a un amigo que su esposa tiene una enfermedad que no se puede mover ni puede casi hablar. Le fui a llevar un libro que creo que le puede ser de mucho provecho para reanimarse y renovarse. Me sentí bien de darle un poco de esperanza y que sintiera que no está solo y que puede contar con nosotros.

Al finalizar el día, visitamos a un sobrino y una ahijada y se pusieron felices con el regalo de navidad que les dimos.

Antes de dormir, mi hijo Ian nos dijo que había sido una gran experiencia para él y que se había sentido muy bien el poder compartir su día con los demás y de haberles llevado un regalo. Creo que esto le ayudó a valorar más lo que tiene y le enseñó una gran lección de la importancia de ser agradecido y generoso.

Como bien dicen, uno recibe muchísimas más bendiciones al dar que al recibir. Qué privilegiados somos de poder dar y compartir un poco lo que somos y lo que tenemos con los demás, y como con tan poco podemos alegrar el día a alguien que pasa a nuestro lado.

Cada uno de nosotros podemos generar en nuestra vida abundancia de amor, salud, trabajo y dinero, pero considero que la mejor herencia que podemos dar a nuestros hijos es que se sientan amados, que sean capaces de dar y recibir amor, que aprendan a ser agradecidos y buenas personas, que aprendan a trabajar y a ser empáticos con los que les rodea, que aprendan a conocerse ellos mismos y a descubrir qué grande es Dios con nosotros, y también a disfrutar cada día del regalo de la vida.

Este hecho me dio las siguientes alegrías y aprendizajes:

1. Uno recibe más al dar que al recibir.

2. Con un poco de esfuerzo y empatía, podemos hacer un cambio positivo en la vida de las personas que pasan a nuestro lado.

3. Las palabras ayudan, pero el ejemplo arrasa.

Acciones concretas para ponerlo en práctica. Ejemplos:

- Hoy seré consciente de las personas que se cruzan en mi camino y les trataré de ayudar en algo con una sonrisa, un alimento o algo que pueda contribuir a hacerles sentir mejor.

Escribe lo que harás para lograrlo:

1.
....

2.
....

3.
....

Dibuja un plan o ideas que te ayuden a lograrlo:

Construyendo el reino de Dios

Teresa de Calcuta

En la actualidad nos quejamos del gobierno, de cómo nuestro país no prospera con tanta corrupción, pobreza, malas decisiones, inseguridad, poco apoyo a empresarios y al campo, etcétera. Pasan los gobiernos y es la misma historia, sexenio tras sexenio.

¿Qué estamos haciendo para remediar esta situación que no sea quejarnos?

Las discusiones y foros por este tema causan conflictos, peleas, todos tienen un punto de vista diferente y no se llega a nada en concreto.

Realmente creo y estoy convencido que el cambio verdadero para un mejor país debe venir desde cada uno de nosotros, formando mejores hijos en nuestras familias, aportando los valores que queremos que el país tenga a nuestros hijos y a los que nos rodean, inspirando a los demás a través de nuestro ejemplo diario, haciendo bien las actividades que nos corresponden y a lo que nos dedicamos. Los maestros siendo buenos maestros enseñando todo lo que saben a sus alumnos, los doctores haciendo bien su trabajo para que las personas recuperen su salud y no solo buscando su interés económico, los abogados poniendo al servicio el cumplimiento de la ley defendiendo a las personas justas en su representación, los administradores cuidando los recursos que tienen para que las empresas que administran sean eficientes y estén al servicio de los demás, los ingenieros creando nuevos y mejores procesos para facilitar la vida de las personas, los empresarios creando valor en sus empresas y pagando un sueldo digno a sus empleados, los sacerdotes llevando la palabra de Dios a su comunidad y orientando a las personas para llevar una vida espiritual con plenitud, los deportistas de alto rendimiento, dando su máximo esfuerzo para crecer cada día y alegrar a los demás a través de su espectáculo que brindan haciendo lo que hacen, etcétera.

Me he dado cuenta que una misma situación, dos personas lo ven de diferente forma. Para algunos perciben que estamos pasando la peor crisis económica en México, que el dinero ya no alcanza, que hay tanta inseguridad y corrupción, que estamos retrocediendo como país y muchas otras cosas más.

Para otros, perciben una época con tantas oportunidades que el único límite es la mente, que vivimos en un país con un clima espectacular, con tantos recursos naturales envidiables, con personas tan valiosas en su entorno, con ideas creativas que hacen generar abundancia para muchos, que hay dinero y recursos por todas partes y que no permite ni fomenta la corrupción en su entorno.

Pero el entorno es el mismo para todos, ¿por qué la diferencia en la percepción?

Cada persona es un mundo, y crea su realidad en base a su sistema de creencias y a lo que está viviendo. Si eres de las personas que ven un mundo lleno de oportunidades y bendiciones, así será tu vida y generarás muchas oportunidades y bendiciones.

Si queremos cambiar a nuestro país, empieza por generar un ambiente agradable en tu trabajo y en tu familia, pon tus talentos al servicio de los demás, aporta ideas que permitan mejorar y facilitar la vida de los demás, no permitas la corrupción en tu entorno, genera trabajo y abundancia para los demás en la medida de tus posibilidades, sé fiel a tu pareja, dedica tiempo de calidad a tus hijos. Esta es la forma de cambiar a nuestro país y a nuestro entorno.

Una vez que hagas lo anterior, verás cómo tu vida empieza a cambiar para bien, construirás una vida con plenitud, llenarás de lo mejor de ti a tus seres queridos y a los demás y provocarás en consecuencia que los demás actúen de la misma manera con tu ejemplo, inspirando a otros a hacer lo mismo y a vivir una vida digna de ser vivida.

Eso para mí es el reino de Dios, cuando dejas de pensar en ti mismo y estás al servicio de los demás, cuando esto te llena de vida y alegría, cuando te levantas cada día con ganas de vivir y de disfrutar la vida, cuando sientes esas ganas de generar abundancia para compartirla con los demás, cuando disfrutas estar con tu familia y compartes momentos únicos con ellos, cuando creas experiencias gratificantes para los que te rodean, cuando llevas a Dios dentro de ti en todo lo que haces y en todo lo que eres.

¿Qué he aprendido de todo esto?

1. Cada uno de nosotros podemos vivir el reino de Dios en nuestro entorno y vida diaria.
2. Debemos mirar primero a nuestro interior antes de querer cambiar a los demás.
3. En la medida que mejoremos nuestra vida interior, seremos capaces de darnos a los demás e inspirar a otros con nuestro ejemplo.

Acciones concretas para vivir el reino de Dios en mi vida.
Ejemplos:

- El día de hoy viviré en paz y armonía con los que me rodean, pensaré en algo que les haga sentir mejor y me esforzaré en hacerlos sonreír.
- Hoy dejo de criticar a los demás. Me enfoco en construir mi mundo con valores, honestidad, alegría y servicio a los demás.

Escribe lo que harás para lograrlo:

1. ....

2. ....

3. ....

Dibuja un plan o ideas que te ayuden a lograrlo:

La verdadera felicidad

La felicidad es interior no exterior, por lo tanto, no depende de lo que tenemos, sino de lo que somos.

Henry Van Dike

El pasado domingo fue Domingo de Resurrección, y mi familia y yo fuimos a una de las misas más bonitas que he tenido la oportunidad de estar presente. El padre habló de cómo la verdadera felicidad está en cumplir con nuestra misión y propósito para el cual fuimos creados, y que la felicidad va acompañada también de momentos de tristeza y dolor.

Nos dio un mensaje tan lleno de amor y esperanza, que mi corazón se llenó de esa alegría que es difícil de explicar y que solo la llena Dios.

El padre explicó de cómo la vida no se trata de solo pasarla bien, sino de realmente dejar un legado lleno de amor con tu familia y tu prójimo, de cada día conocer más a Dios para llenarnos de él y llenar de ese amor a nuestro prójimo.

Definitivamente estoy convencido hoy más que nunca de las palabras que nos dijo Jesús a través del sacerdote sobre la vida eterna que nos espera en el cielo, en el que cada día veo que Dios está presente en nuestras vidas sin necesidad de verlo con nuestros ojos, porque lo veo a través de mi familia, en mis hijos, en mi prójimo, en mi interior.

A la par, esta semana terminé de leer un libro hermoso llamado *Sé las manos y los pies de Cristo*, de Nick Vujicic, definitivamente el mejor libro que he leído hasta ahora y que les recomiendo ampliamente. Clarificó mi mente de todo el bien que podemos hacer en el mundo empezando con cosas pequeñas, del impacto que podemos generar con los que nos rodean y de cómo podemos iluminar la vida de los demás con el ejemplo.

Cada día se nos presentan proyectos en los que podemos contribuir más a los más necesitados, proyectos que nos hacen soñar en grande, proyectos que podemos generar mucha abundancia en todos sentidos para compartirla con el prójimo, proyectos que dejen una huella positiva en el mundo…, y todo esto me hace sentir tan motivado, entusiasmado y lleno de vida para compartirlo con los demás.

Sé que todo el éxito y logros que pueda llegar a tener en mi vida son mínimos comparado a la felicidad inmensa que Dios me hace sentir cada día con su presencia y a la vida eterna de amor que nos tiene preparada para los que creemos en él.

Mi familia y yo estamos en esa aventura de vivir con un corazón cada vez más dispuesto a servir porque es a través del servicio lo que nos hace encontrarnos con Jesús vivo y presente, una probadita de lo que será el reino de Dios pero que nos da la dicha de vivirlo desde ahora a través de cada persona que nos encontramos a nuestro lado.

Este hecho me dio las siguientes alegrías y aprendizajes:
1. Saber que estamos en esta vida de paso, con miras a una vida eterna plena y feliz, y que desde ahora nos estamos preparando para ello.

2. Enriquecer cada día nuestra alma y nuestra mente me hace sentir más pleno, lleno de vida y fe.

3. Con Dios todo y sin Dios nada. Si tengo a Dios en mi vida lo tengo todo y nada me falta.

Acciones concretas para construir mi felicidad. Ejemplos:

- Cumplir con mi propósito de vida siempre al lado de Jesús.
- Fortalecer mi fe y dar testimonio de vida a mi familia y a mi prójimo.

Escribe lo que harás para lograrlo:

1.

2.

3.

Dibuja un plan o ideas que te ayuden a lograrlo:

Tu momento es ahora

Siempre he pensado que en el futuro habrá tiempo para disfrutar, para viajar, para compartir, pero me he dado cuenta de que ya tenemos el presente para ello. No es necesario esperar un segundo más, porque tenemos el regalo de la vida para empezar hoy. Por más ocupado que nos sintamos por el trabajo y nuestras obligaciones diarias, siempre hay tiempo para lo que consideremos más importante en nuestras vidas.

Como bien dicen, la verdadera felicidad no está en alcanzar tus sueños, sino en disfrutar del camino que vivimos para alcanzarla y en "aprender a bailar bajo la lluvia".

Ahora bien, estoy convencido que cada uno de nosotros tenemos una misión asignada para la cual fuimos creados, que si lo descubrimos y lo logramos llegaremos a una felicidad plena y, por el contrario, si no la descubrimos ni la hacemos realidad, nadie más la hará por nosotros. Esto me ha llevado a hacerme las siguientes preguntas:

¿Qué es lo que nos hace ser únicos y especiales?

¿Por qué Dios me creó y me puso en este entorno con mi familia, mis hijos, mi educación, mis trabajos, mis proyectos?

¿Qué es lo que me mueve a actuar cada día?

¿Cómo quiero que me recuerden cuando ya no esté presente en este mundo?

Talvez esté filosofando mucho, pero esto me ha llevado a conocer cada vez más mi interior y darle un enfoque a mi vida de lo que realmente quiero lograr y de lo que más valoro en mi vida.

Creo que vale la pena hacer este ejercicio cada uno de nosotros, que es una forma de trascender y dejar huella en este mundo.

Me encanta la frase de John Wooden: *"Haz de cada día tu obra maestra"*.

Vivamos cada día como un nuevo nacer y una nueva oportunidad para hacer brillar lo mejor de nosotros, vivamos con alma, con un espíritu cada vez más grande que trascienda y que viva para la eternidad. Con el paso del tiempo, podremos sentirnos cansados físicamente, pero hagamos de nuestra alma un alma magnánima en el que cada día la enriquezcamos más, nos llenemos de amor, de ilusiones, de sueños, de esperanza, de fe, de alegría, de una felicidad inmensa que nadie ni nada nos la pueda quitar, que cada día crezca más y más, sin límites, como el mar inmenso que rodea a todo el mundo, o como el universo que se expande día con día.

¿Qué he aprendido de todo esto?
1. A definir lo que quiero lograr en mi vida y lo que más me importa.
2. A ver la vida como un regalo y aprovechar cada momento al máximo.
3. A poner manos a la obra y enfocarme en lo que quiero lograr.

Acciones concretas para lograrlo. Ejemplo:

- Definir los proyectos que quiero contribuir para mejorar mi entorno y mi comunidad:
  - Ayuda comunitaria en casa hogar.
  - Ayuda comunitaria con inmigrantes e indigentes.
  - Ayuda comunitaria con sacerdotes enfermos y ancianos.
  - Ayuda a personas cercanas que pasen necesidad.
- Formar a una familia con valores que sea luz para los demás, entre otros.

Ejemplo 2: ¿cómo te gustaría ser recordado?

En lo personal me gustaría ser recordado como una persona dadora, entregada a su familia y al prójimo, que emprendió y logró realizar proyectos al servicio de una mejor comunidad, que contribuyó en los lugares donde trabajó y donde vivió a hacer mejores personas cada día, que logró llenar de esperanza y amor a las personas que lo rodeaban y que dejó un legado lleno de amor con su familia y con los que lo rodeaban. Que tocó el corazón de muchos para mejorar y trascender en sus vidas.

¿A ti cómo te gustaría que te recordaran?

Escribe lo que harás para empezar a lograr tu misión de vida:

1.

2.

3.

Dibuja un plan o ideas que te ayuden a lograrlo:

Paso a paso

*Cada paso adelante es un paso para conseguir
algo más grande y mejor que tu situación actual.*
B RIAN T RACEY

En la crisis del 2008 tuvimos una situación económica familiar complicada, mi esposa y yo estábamos iniciando nuestra vida de casados, tratando de hacernos de una casa y de empezar las bases sólidas de nuestra familia. Nació nuestro primer hijo, crecían las responsabilidades económicas cada vez más, a la par me quedé sin trabajo por un tiempo y me llegué a cuestionar ¿por qué si me he esforzado tanto cada día durante toda mi vida desde pequeño, no he logrado dejar de tener problemas económicos, para darle una vida sin complicaciones a mi esposa y mis hijos?

La respuesta me la dio el tiempo y la constancia. Hoy en día las cosas han cambiado para bien, mi esposa y yo hemos podido crecer profesionalmente en estos años que nos han permitido sentirnos más libres económicamente y como personas. Pero han sido 20 años de trabajo constante de ambos para lograr por fin tener una situación más desahogada.

Paso a paso, poco a poco, es la enseñanza de todo esto.

Hoy en día todo lo queremos rápido, que sea sencillo de obtener, y la realidad es que no se puede lograr tener éxito y abundancia de un día para otro. Es algo que se trabaja, cada día, con pequeños actos, enfocándonos en lo que queremos lograr, para poder acercarnos cada vez más a nuestros sueños.

Es como el agua que con el tiempo desbarata a la roca. No por su dureza, sino por su constancia. Debemos aprender a ser como el agua, constante hasta lograr nuestros sueños y moldeable para ser capaces de adaptarnos a las situaciones cambiantes del mundo, pero sin nunca dejar de mirar a nuestros sueños, a nuestro destino.

Existen estudios que demuestran que se requieren 10,000 horas de trabajo para lograr dominar una actividad a la perfección. Los grandes futbolistas, músicos, atletas han llegado llegar a la cima por un trabajo constante de más de 10,000 horas empleadas en sus vidas para lograrlo, además de haber desarrollado dominar su mente y enfocarla en sus sueños. Constancia y enfoque es lo que permite lograr tus sueños.

Como dice Napoleón Hill: *"Si hoy no puedes hacer grandes cosas, haz cosas pequeñas de una gran manera"*. Los pequeños detalles son los que marcan la diferencia. Hay que ponerle toda nuestra alma a cada cosa que hacemos, aunque sea mínima. Esto impactará en gran medida en nuestra vida y en la de los demás.

Otra frase que me gusta es: *"Los grandes actos se componen de pequeñas obras realizadas día a día"*, (Lao Tzu).

Todos podemos hacer algo por mejorar el mundo en el que vivimos a cada instante y con pequeños actos. Sembremos semillas de lo que queremos en nuestra vida, en el que cada día crezcan con nuestro esfuerzo y constancia hasta dar grandes frutos.

¿Qué he aprendido de todo esto?

1. A cada día enfocarme en lo que quiero hacer y lograr.

2. A cada día hacer algo, aunque sea pequeño, que se encamine a mis sueños.

3. A perseverar, a nunca rendirme y a seguir adelante.

Acciones concretas para lograrlo. Ejemplo:

1. Cada día por las mañanas me enfoco en lo que quiero lograr en ese día y en mis sueños que tengo para alinear mi mente y mi alma en ello.

2. Hago ejercicio físico que me ayuda a ser constante y perseverar hasta lograrlo. Esto me ayuda a aplicarlo en mi vida personal y en mi trabajo.

3. Tener un detalle con alguien cada día que lo haga sentir mejor y que me haga crecer como persona cada día.

Escribe lo que harás para empezar hoy a dar un paso más hacia tus sueños:

1.

2.

3.

Dibuja un plan o ideas que te ayuden a lograrlo:

Conócete a ti mismo

A lo largo de mi vida siempre he tratado de conocerme cómo soy por dentro, de reflexionar y dar gracias por lo que soy cada mañana que me levanto. Y considero que el conocerse a uno mismo es importante para que el ser humano logre su realización personal, que es todo un arte conseguirlo. Debemos encontrar un "estado" que nos haga sentirnos felices y autorrealizados. Y es que cada uno de nosotros somos especiales, únicos, diferentes, con un valor propio, y así debemos sentirnos.

Es de suma importancia conocerte a ti mismo a lo largo de tu vida. Saber qué te hace feliz, qué te alegra, qué cosas te afectan, cómo es tu forma de pensar, y esto te ayudará a tomar buenas decisiones en tu vida.

Otro aspecto que me ha ayudado a conocerme mejor es leer y hacer meditación por las mañanas. A través de la lectura me ha hecho descubrir mi forma de pensar, así como de renovarme constantemente, de entender mejor porqué actúo de una manera o de otra, ante determinada situación. A través de la meditación, me hace tranquilizarme, ser más agradecido y enfocar mi mente en todo lo que quiero logar.

También me ha hecho tomar mejores decisiones y de sentir que tengo diferentes opciones que puedo elegir. Me ha hecho descubrir que, al tomar una decisión, la mejor decisión es aquella que esté en concordancia con lo que quiere mi alma y mi mente.

Me ha hecho enfocarme en lo que tengo y quiero lograr, y no en lo que no tengo. Me ha hecho crear una visión de la vida que quiero tener, de sentir la vida y sentirme más vivo.

Este hecho me dio las siguientes alegrías y aprendizajes:
1. Puedes controlar tu interior para influir en el exterior.
2. Hacer algo cada día que me haga sentir más vivo.

Acciones concretas para conocerme mejor y construir mi propio destino. Ejemplos:
- Hago meditación diaria que me ayuda a enfocar mi mente y mis fuerzas en lo que quiero lograr.
- Antes de dormir hago un pequeño análisis de las cosas que hice en el día, para tratar de repetir las que hice bien y corregir las que pude haber hecho algo mejor.

Escribe lo que harás para lograrlo:

1.

2.

3.

Dibuja un plan o ideas que te ayuden a lograrlo:

Etapas de la vida

Las prioridades deben cambiar en diferentes etapas de nuestra vida si queremos crecer y evolucionar.

Apurva Purohit

La vida se vive por etapas, y hay que saber vivir cada una de ellas de la mejor manera posible. Hay muchas opiniones de cómo se divide las etapas de un ser humano, pero en lo personal, la que más me gusta es la siguiente:

Etapa 1: De los 0 a los 20 años. En esta etapa es la etapa que nos formamos, vamos a la escuela, recibimos la educación y valores de nuestros padres y familia, aprendemos a vivir, hacemos nuestras amistades y recibimos prácticamente todo. Es una etapa en la que las cosas pasan naturalmente. Es la etapa más importante para un ser humano, es donde creas tu modelo del mundo y te formas como persona. De ahí la importancia de educar bien a nuestros hijos durante sus primeros 20 años de vida, ya que forjarán cómo serán y se desenvolverán en las siguientes etapas de sus vidas.

Etapa 2: De los 21 a los 40 años. En esta etapa es la etapa del mundo real, en la que tomamos las decisiones más importantes de nuestras vidas: qué carrera universitaria realizar y en donde trabajar, si emprendemos proyectos o somos empleados, si nos casamos y con quien nos casamos, si formamos una familia y educamos a nuestros hijos, si compramos casa, entre otras. Es la etapa en donde nos descubrimos más a nosotros mismos, en qué somos buenos y qué nos gusta hacer para ganarnos la vida. Es una etapa también para rehacer muchas cosas que nos habíamos formado en nuestra conciencia, que creíamos que iba a ser de cierto modo y nos damos cuenta de que no es como lo pensábamos, como diría la canción: "*caminante no hay camino, se hace camino al andar*". Terminamos la universidad y nos creemos que hemos conquistado el mundo, cuando en realidad nos damos cuenta de que la vida apenas empieza. Es una etapa para trabajar duro y darlo todo, para esforzarnos más que nunca aprovechando toda la energía y vitalidad que tenemos. Es una etapa de consolidación y crecimiento.

Etapa 3: De los 41 a los 60 años. Según la Biblia, el número 40 significa "tiempo suficiente para". Así que en esta etapa es donde todo tiene que florecer. Donde se empieza a recoger los frutos sembrados. En esta etapa es donde tienes el poder de tu vida, en donde te conviertes en líder en todo lo que haces y que puedes generar la abundancia que te propongas. Es la etapa en donde tienes que ser más productivo para crecer exponencialmente en todos sentidos: consolidar tu matrimonio en caso que estés casado, ver a tus hijos crecer, apoyarlos y disfrutar de sus logros, crecer en tu trabajo o negocio, tomar buenas decisiones financieras que te permitan lograr una libertad financiera para tu siguiente etapa, emprender nuevos proyectos y nuevos retos. También es donde considero se puede ayudar más al prójimo, ya eres una persona más madura, más estable y con la capacidad de generar mucho más.

Etapa 4: De los 61 a los 80 años. Es la etapa de recoger los frutos sembrados en tu vida, de disfrutar a tus nietos, de no tener preocupaciones económicas si tomaste buenas decisiones en tus etapas anteriores, de tener más tiempo libre, de disfrutar la vida y compartir más tiempo con los demás. También es la etapa para ser un mentor y ejemplo de vida para los demás, y de compartir tus experiencias y lo mejor de ti para los que te rodean.

Etapa extra: De los 81 en adelante. Si llegas a esta etapa ya estás en tiempo extra, agradece cada día que tienes de vida y disfrútala al máximo.

Este hecho me dio las siguientes alegrías y aprendizajes:

1. La vida cada vez pasa más rápida, hay que aprovecharla al máximo.
2. Uno va cambiando y evolucionando en cada etapa de su vida, que es la forma de ir creciendo como personas.
3. La vida es hermosa y se vive por etapas, hay que disfrutar cada una de ellas.
4. Siempre es buen momento para volver a empezar, aunque no hayamos hecho algo en alguna etapa, se puede empezar de nuevo y ser mejores cada día.

Acciones concretas para disfrutar cada etapa de mi vida. Ejemplos:

- Ahora que estoy entrando en la tercera etapa, valoro el tiempo que he vivido y la persona que soy, a mi esposa, a mi familia, ver a mis hijos crecer y desarrollarse en lo que les gusta, consolidarme en mi trabajo y mis proyectos que me ayudan a generar la suficiente abundancia para compartirla con mi familia y esto me llena de plenitud. Pienso diferente a como pensaba en las etapas anteriores de mi vida, lo que

hace renovarme y enfocarme en nuevos proyectos para seguir
creciendo.

Escribe lo que harás para lograrlo:

1.
....

2.
....

3.
....

Dibuja un plan o ideas que te ayuden a lograrlo:

Momentos difíciles

Cuando las cosas no van bien, tómate un respiro
y encuentra algo de humor, así es la vida.
ANÓNIMO

Justo cuando empecé a escribir este capítulo recibí un video de mi papá sobre este tema, que mostraba la frase mencionada arriba y decidí incluirla en este libro. El video era de un extenista llamado Ivanisevic que en un partido de tenis no le salían las jugadas que él quería, una tras otra fallaba sus tiros, hasta que mejor se fue a la parte detrás de la cancha y le dio su raqueta a una muchacha que ayudaba a recoger pelotas, como diciendo, es tu turno, hoy no es mi día. Le puso un poco de humor al partido. Posterior a que la muchacha entró a la cancha a jugar un punto, el partido continuó e Ivanisevic se integró de nuevo.

Y es que en la vida no siempre las cosas salen como lo planeamos, hay días que las cosas no se dan, hay momentos difíciles que no nos explicamos porqué razón nos suceden, pero son esos momentos los que nos hacen crecer más si los enfocamos positivamente. Todo es cuestión de nuestra actitud, de cómo reaccionemos ante lo que nos sucede.

En mi vida he pasado por momentos difíciles que quisiera compartirles mis experiencias, que es probable que ustedes hayan pasado por situaciones parecidas y les pueda servir mi aprendizaje:

1. Salud: Accidente en bicicleta

Hace alrededor de 5 años tuve un accidente muy fuerte andando en bicicleta. Me caí de la bicicleta en una boca de tormenta y prácticamente me "partí la cara". Me fracturé la nariz, me tuvieron que coser con varias puntadas una abertura que tenía en mi ceja, dientes fracturados y toda la cara sangrando. Me llevé un fuerte susto. Estuve cerca de cuatro meses visitando al dentista cada semana para poder reconstruir mis dientes frontales, un proceso muy doloroso ya que la molestia en los dientes es un dolor que no le deseo a nadie.

Pero este hecho me hizo valorar más mi vida y mi salud. Pudo ser peor y gracias a Dios estoy vivo y recuperado al 100%. Y aprendí que la vida es un regalo y que la salud es una bendición. A través del dolor que sentí, aprendí que es parte de la vida pero que es pasajero y nada es eterno.

2. Trabajo: Empleos difíciles

Hace alrededor de trece años, fui empleado en una empresa importante en México en el que me sentía abrumado, coordinaba tres turnos a nivel nacional en el área de logística. No existían días de descanso, llamadas a altas horas de la noche o madrugada para resolver problemas que surgían día con día, viajes a la Ciudad de México casi todas las semanas para atender a los distintos almacenes. En ese entonces mi hijo tenía entre uno y dos años de edad, recuerdo que un sábado por la tarde tenía tantas ganas de estar con él, pero tenía que ir a trabajar para cumplir con mi deber. Adicional a ello, estaba estudiando una maestría en administración de negocios, lo que hacía que mi tiempo con mi esposa e hijo era muy escaso.

Definitivamente no era lo que yo quería en mi vida y no era la empresa con la que quería estar, pero tenía la necesidad de seguir adelante para proveer a mi familia de lo necesario para vivir. Tenía que "aguantar" un tiempo en lo que encontraba una mejor opción de trabajo y de vida para mí y mi familia. Estuve casi un año en dicha empresa y posteriormente vinieron mejores oportunidades para mí que abrieron mi camino profesional, pero ese año fue muy complicado.

Ahora que recuerdo este pasaje en mi vida, haber estado en esta empresa me hizo ser fuerte, aprender a delegar actividades, saber aguantar ante las dificultades de la vida, lograr cosas que me propuse a pesar de muchas dificultades, valorar el trabajo que tengo actualmente, valorar el tiempo con mi familia, descubrir que el trabajo no lo es todo y también me permitió enfocarme en lo que quería lograr para mi familia.

3. Dinero: Economía complicada

Cuando recién me casé, mi esposa y yo iniciamos desde cero. Yo acababa de cerrar un negocio que no prosperó como lo pensaba, acabé con todos mis ahorros y terminé endeudado. Por otro lado, mi esposa ayudaba económicamente a su mamá que estaba enferma, lo que hacía que nuestra situación económica no era la mejor para iniciar a formar una familia. Aun así, nos casamos, fue más fuerte el amor y las ganas de iniciar una vida juntos, pudimos habernos esperado a planear y tener un respaldo económico para iniciar nuestro matrimonio sin tantas dificultades económicas, pero nos aventuramos a lo grande.

Con el trabajo de ambos, la constancia y el tiempo, poco a poco nos hicimos de nuestra casa, de nuestros recursos, de viajes juntos, de formar una familia con dos hermosos hijos, de valorar cada logro que hemos tenido y a saber ganarnos la vida juntos.

4. Amor: Relación en pareja

Me siento muy afortunado de mi esposa y la familia que hemos formado juntos, de la relación que hemos desarrollado y fortalecido en nuestros dieciséis años de casados, pero como todo en la vida, ha habido momentos difíciles también.

Recuerdo hace como cuatro años, la relación entre mis papás y mi esposa no era la mejor (y es que, como comprenderán, no es fácil la relación suegros – yernos), esto me generaba un conflicto en mi interior muy fuerte que hacía no poder estar todos juntos como yo lo quería. Sentía que mi corazón se partía en dos y que tenía que elegir entre mi esposa y mis papás.

Con el paso del tiempo, confiando en Dios y un amor fuerte en nuestra relación lo pudimos superar. Ahora volteó hacia atrás y me doy cuenta que solo fue un aprendizaje en la vida.

Recientemente tuvimos una reunión en nuestra casa donde asistieron mis papás, hermanos y toda la familia, y todos estuvimos juntos, felices y con salud, agradeciendo la vida y el estar juntos… cuantas familias ya no pueden celebrar todos juntos despúes de la pandemia porque algún miembro ya no está o está enfermo.

Y lo mejor de todo que el evento fue organizado por mi esposa, que buscó la integración de todos para tener un día increíble, iniciamos con una sesión profesional de fotos familiar, celebramos con un rico desayuno reunidos todos juntos y continuamos con la comida. Algo que hace cuatro años parecía imposible que sucediera… fue un gesto hermoso de mi esposa.

Recuerdo que cuando nos casamos ante la iglesia mi esposa y yo, el sacerdote nos dijo: "En tiempos de crisis, no tomen decisiones". Se me quedó grabado ese mensaje, y es que, en la vida, así como es hermosa y hay tiempos prósperos, también hay momentos de crisis de todo tipo: de salud, de relaciones amorosas, de trabajo, de economía. Es parte de la vida y esto nos hace crecer y valorar los buenos momentos. Y si a esto le añadimos un poco de humor, hace que estos momentos no sean tan pesados y pasen rápido.

Hace poco escuché una entrevista que le hicieron a Tony Robbins, y me encantó una frase que dijo que debemos recordarla siempre: "Ninguna pandemia, ninguna guerra y ninguna crisis dura para siempre". Esto es parte de la vida y va a pasar, y esto a la vez nos da enseñanzas para valorar nuestras vidas y disfrutar más los buenos momentos que tengamos.

En definitiva, todo esto me ha hecho crecer, valorar lo que soy y lo que tengo a mi alrededor.

Este hecho me dio las siguientes alegrías y aprendizajes:
1. Los momentos difíciles nos hacen crecer en todos sentidos.
2. Nada es para siempre, todo pasará ya sea bueno o malo.
3. A disfrutar al máximo los buenos momentos, a aprender de los momentos difíciles para tener resiliencia para salir de ellos de la mejor manera posible, buscando siempre un aprendizaje que me haga ser mejor.
4. El tiempo sana las heridas.
5. El amor es más fuerte que cualquier dificultad en la vida.

Acciones concretas para superar los momentos difíciles. Ejemplos:
1. Confiar en Dios en que todo saldrá bien.
2. Poner todo mi empeño para salir pronto de dicha situación.

3. Ser empático y pensar en los demás más que en mis preocupaciones.

Escribe lo que harás para lograrlo:

1.

2.

3.

Dibuja un plan o ideas que te ayuden a lograrlo:

Carta al amor de mi vida

Le pedí a Dios encontrar al amor de mi vida, a mi alma gemela, a alguien que le pudiera dar todo mi amor para encontrar en ella el amor de Dios. Dios me lo concedió, cada palabra de lo que pedí me lo fue dado contigo, y ahora que te he encontrado, te quiero decir que eres mi mayor bendición.

Te doy gracias por amarme de la forma como lo haces, en cada momento das lo mejor de ti para hacerme sentir bien y para sentir tu amor a cada instante.

Gracias por ser la mujer que eres, siempre positiva, dadora, alegre, teniendo detalles que embelleces el entorno y embelleces a todos los que te rodeamos y formamos parte de ti. Me contagias de tu belleza, de tu alegría, de tu ser único e irrepetible que solo tú eres, de tu originalidad y creatividad para hacer las cosas.

Gracias por aceptarme como soy, por elegirme como tu compañero de vida, por ser la mujer de mis sueños, te has convertido en el ser más especial en todo el universo para mí, y con quien quiero seguir compartiendo mi vida y mi eternidad.

Gracias por ser siempre tú, gracias por darlo todo para ser la mejor mamá con nuestros hijos, por educarlos como lo has hecho y por llenarlos de amor y de valores.

Gracias por llenar nuestro hogar de ti, de tu amor incondicional, de tu dulzura, de tu hermosura, de tu presencia y de la presencia de Dios a través tuyo.

Gracias por existir, eres lo mejor que me pudo haber pasado en la vida, te agradezco tanto por ser mi fiel compañera de vida, mi amiga, mi esposa, mi alma gemela, mi mujer y la mejor mamá para nuestros hijos.

Gracias por confiar en mí, gracias por la familia y el hogar que juntos hemos creado, gracias por haber hecho mágico nuestro mundo.

Dieciséis años ya juntos de casados, como ha pasado tan rápido el tiempo, recuerdo lo hermosa que te veías cuando te vi por primera vez, recuerdo el primer abrazo que me diste como si fuera ayer y me lo haces recordar cada que me abrazas. Recuerdo el día que te pedí que fueras mi novia, solo me abrazaste fuerte sin decir una palabra y no me soltabas. Recuerdo el día que te pedí que fueras mi esposa, brincaste con una emoción que me hiciste sentir el ser más afortunado del mundo. Recuerdo el día que nos casamos, lo feliz que estábamos de iniciar una vida juntos. Recuerdo el día que me dijiste que estabas embarazada de Ian y después de Italia, salté de gusto con tanta emoción, de presenciar el milagro de la vida cuando nacieron nuestros hijos, de verlos crecer sanos y felices. Recuerdo los viajes que hemos tenido juntos en familia que nos han hecho vivir y crear experiencias inolvidables. Recuerdo la vida tan hermosa que hemos creado juntos.

Dios te cuide y te conserve feliz, es mi mayor deseo, que conmigo y con nuestros hijos seas una mujer plena y feliz, y que siempre te sientas protegida y amada por mí.

Siempre te cuidaré y estaré a tu lado, tu Berny que te ama hasta la eternidad.

Carta a mis hijos

A mis hijos que me inspiran y me llenan de una alegría inmensa cada día de mi vida, les doy las gracias porque ustedes son el mejor regalo que la vida y el amor nos dio.

Gracias por ser los seres humanos que son, únicos, llenos de energía, de vida, de ser ustedes mismos.

Gracias por ese entusiasmo que nos llenan de alegría cada día de nuestras vidas, de sentir la presencia de Dios con su energía, su amor, su alegría y ganas de vivir.

Gracias por descubrir a través de ustedes el valor de la música y el arte, de apreciar estos buenos momentos juntos disfrutando de una buena música.

Gracias porque juntos hemos formado la familia que somos, nuestro hogar que es el mejor lugar del mundo.

Gracias porque disfrutan la vida cada día como si fuera algo único, especial, como si toda la vida la quisieran vivir en ese preciso momento y que cada día nos enseñan el regalo de la vida que tenemos.

Gracias por soñar en grande, y porque ustedes son ese sueño que tuvimos mamá y papá al amarnos.

Gracias por existir.

Los amo con todo mi ser.

—BERNARDO

Carta a mis padres

A mis padres que me dieron la vida y la oportunidad de crecer en una familia unida, formados por la educación, los valores y el deporte, hoy les doy las gracias porque gracias a ellos soy el ser que soy ahora, porque me enseñaron el valor de ganarme las cosas con esfuerzo y constancia, y a lograr lo que me proponga en la vida.

Porque me enseñaron a amar y apreciar la vida, por enseñarme a caminar y continuar ante las adversidades, a que la disciplina es vital para lograr el éxito en la vida.

Porque me enseñaron a ser feliz con lo que uno tiene, a descubrir que lo importante no es lo que uno tiene sino a quien tiene, a sentir que estuvimos siempre completos estando juntos.

A esos domingos por las mañanas en los que desayunábamos juntos en familia unos deliciosos chilaquiles hechos por mi mamá después de ir a misa, a sentir el amor de nuestros padres y hermanos en nuestro hogar.

A que, regresando de la escuela, aunque hubiera tenido un mal día, me recibían siempre con los brazos abiertos en casa haciéndome sentir que nuestro hogar era el mejor lugar donde estar, un lugar seguro lleno de amor.

A enseñarme a compartir con mis hermanos y con los demás lo que somos y lo que tenemos.

A regalarnos esas navidades llenas de emoción que nos hacían sentir la magia de que todo es posible.

A mi mamá que en cada día de mi cumpleaños me ponía el disco de las mañanitas regresando de la escuela, y me hacía sentir especial cantándome las mañanitas con ojos llenos de amor, a organizar una comida con mis mejores amigos de la escuela que me hacía sentir feliz.

A mi papá que me hizo ver que cada día es una nueva oportunidad para ser mejor, y que con los torneos de tenis en los que siempre me apoyó, aprendí una lucha constante por superarme y a aprovechar cada oportunidad que se me presentaba para dar lo mejor de mí. A que gracias al deporte pude conocer muchos lugares y familias de mi bello México, de tener amistades sanas que me hicieron aprender a disfrutar cada momento de la vida, siempre con equilibrio, y de lograr una beca en la Universidad Panamericana que me abrió las puertas al mundo.

A que siempre han estado presente en mi vida y me han hecho sentir todo su amor y su apoyo aunque no esté físicamente en ese momento con ellos.

Por eso y mucho más, gracias papá y mamá.
Los quiero.

—BERNARDO

Carta a mis hermanos

Amis hermanos que siempre han estado presentes para apoyarme, para convivir y crecer juntos, para compartir nuestras vidas, hoy les doy las gracias por su hermandad.

Gracias por aquellas tardes que jugábamos béisbol en el pasillo de la casa de mis papás, donde poníamos sábanas y cobijas en el "home" para aventarnos y anotar carreras… algo súper original y único que creamos como familia y nos divertíamos sin fin por largas horas.

Gracias por la niñez tan padre que vivimos juntos, el "club de bicicletas" que formamos con los amigos de la cuadra, las travesuras y aventuras que teníamos al ir a recolectar frutas en los árboles de los vecinos, los Playmobil y soldados del ejército que nos encantaba jugar juntos, las olimpiadas deportivas que inventábamos y jugábamos en casa, por los mundiales de futbol donde nos apasionamos por ver a México y gritar de alegría con los goles y triunfos de nuestra selección.

Gracias por compartir viajes inolvidables que hemos tenido desde pequeños, porque siempre hemos estado unidos como hermanos y por enseñarme a disfrutar la vida con cosas simples.

Gracias por siempre estar presentes en mi vida.

Los quiero.

—Bernardo

Carta a la vida

Hoy quiero dar gracias a la vida, por la oportunidad de cada día tener un nuevo amanecer para vivir y ser mejor que ayer.

Gracias vida por mis ojos que me permiten ver, mis oídos que me permiten escuchar, mi nariz que me permite respirar, mis brazos y piernas que me permiten moverme y hacer ejercicio, mi boca y sentido del gusto que me permiten disfrutar de la comida, mi corazón que me permite estar vivo, mi trabajo que me permite estar al servicio de los demás y generar lo suficiente para darle a mi familia lo mejor, mi familia que me hace sentir bendecido, el amor que cada día puedo dar y recibir de los demás, mi energía y creatividad que me permiten soñar en grande, mis proyectos de vida que me hacen sentir vivo y por tener la presencia de Dios en mi vida.

De hoy en adelante viviré sin miedo, viviré cada día como si fuera el último, amaré todo lo que pueda, haré lo que tenga que hacer para cumplir con mi misión de vida y disfrutaré cada momento presente que tenga. Disfrutaré más a mis hijos y a mi esposa, siempre estaré presente en los eventos importantes de mi familia, compartiré más de lo que soy y lo que tengo con los demás, y me enfocaré en lo que realmente vale la pena vivir.

Realizaré planes y proyectos para un futuro prometedor teniendo una vida de abundancia para compartirla con mi familia y con los demás, pero siempre disfrutando cada momento presente al máximo.

Gracias vida por el milagro de la existencia.

Volver a nacer

Este tema lo decidí incluir ya que había terminado el libro, porque sentía la necesidad de compartir una experiencia muy bonita que tuve este fin de semana del 16 de octubre del 2022.

Resulta que fui a un encuentro de "Fortalecimiento Matrimonial" con mi esposa, un obsequio que mi esposa me regaló por cumplir dieciséis años de casados. Al principio estaba algo escéptico y no quería ir, pensaba que mi matrimonio estaba bien y que no lo necesitábamos. Pero la verdad es que con esta experiencia tan grata que vivimos, aprendí que cada día es una oportunidad de volver a nacer y crecer bajo el sol.

Distintos matrimonios nos contaron experiencias de todo tipo, buenas y no tan buenas, momentos felices y momentos difíciles, y el mensaje principal fue que, si confiamos en Dios y abrimos nuestro corazón a nuestra pareja, todo tiene solución y todo es posible.

Pero no puedo olvidar la experiencia de Octavio, quien, a sus cincuenta años, después de haber logrado un matrimonio feliz, éxitos en sus trabajos y negocios, y en general una vida plena, le detectaron un tumor en el cerebro en este mismo año. Por la gravedad del tema, lo operaron casi inmediatamente en la ciudad de México, quien nos contó que, en ese momento, después de que en toda su vida había sentido que había logrado tantas cosas por su esfuerzo, persistencia y dedicación, ahora solo le quedaba confiar en Dios, era algo que ya no estaba en sus manos, de no saber qué pasaría con su vida después de la operación en donde las posibilidades de que quedara con una vida normal eran prácticamente muy bajas. Nos contó que se entregó a Dios, se despidió de su esposa e hijos, y que milagrosamente todo salió bien de la operación. Ahora está sano y con vida. No saben lo agradecido y lo feliz que está por estar vivo, vive cada día como un regalo y como una oportunidad de volver a nacer.

También recuerdo que cuando cursaba la Primaria, tuve un compañero que le detectaron leucemia, una enfermedad con pocas probabilidades de sobrevivencia, tenía una familia muy creyente en Dios, y milagrosamente después de un año de recibir tratamiento, se recuperó. Después de todo esto, su familia y mi compañero Fernando vivían realmente agradecidos, viendo cada día como una oportunidad de ser feliz. Hace poco me encontré a Fernando comiendo con su familia y sus dos hijos en un restaurant, lo saludé y me dio mucho gusto platicar con él y verlo tan feliz con la familia tan bonita que ha formado después de lo que vivió de niño.

Lo que les quiero compartir, es que no esperemos a que nos pase un suceso así, un accidente, una enfermedad, una pérdida o una desgracia para darnos cuenta de lo hermoso que es nuestra vida. Cada día hay un nuevo amanecer que tenemos la oportunidad de vivir, de renovarnos, de ser felices, de hacer felices a los que viven con nosotros, de valorar a nuestros seres queridos que tenemos a nuestro alrededor, de ser mejores, de amar, de platicar con Dios, de ayudar a quien se nos cruza en el camino.

Esta experiencia de fin de semana, ha sido un parteaguas en mi vida, doy gracias a mi esposa por haberme invitado, a los organizadores del evento que nos hicieron sentir especiales, a Dios por permitirnos haberlo vivido en este preciso momento de nuestras vidas. Las cosas pasan por algo, nada es coincidencia. Me siento renovado y con la necesidad de hacer tantas cosas en mi vida, de compartir de lo mucho que he recibido, no puedo quedármelo solo para mí y mi matrimonio. Hay tantas parejas que necesitan un empujoncito para que se reencuentren y se valoren mutuamente. Hay tantas personas que necesitan una pequeña ayuda para cambiar su manera de ver las cosas y de sentir la presencia de Dios en sus vidas, hay tantas personas con la necesidad de recibir amor y esperanza, hay tanto por hacer con nuestro prójimo.

Me llena de esperanza el saber que estamos rodeados de gente buena, de gente comprometida con sus familias, de personas desinteresadas que dan todo para que los matrimonios se fortalezcan y de que están convencidos de que el matrimonio es la célula más importante de nuestra sociedad, de encontrar a personas creyentes de Dios, de saber que no estamos solos y que, trabajando en equipo, llegaremos a cambiar favorablemente la vida de muchas personas.

Cada día es una oportunidad de volver a comenzar, de abrir nuestras alas para volar, de conectarnos con nuestra alma para hacer algo grande, algo magnánimo.

Si tú no lo haces, nadie más lo hará, pero si lo logras llevar a cabo te sentirás pleno, lleno de vida con una satisfacción de haber hecho lo que tu corazón te decía y llenarás de luz y amor a los que te rodean.

Espero que este libro pueda contribuir, aunque sea un poco, a que todos volvamos a nacer y nos renovemos con Dios para que nuestras vidas estén llenas de plenitud, dicha y felicidad.

Bibliografía recomendada

A continuación, expongo algunos libros, películas y fuentes que estoy seguro te servirán para profundizar más los temas expuestos en este libro, que te serán de gran ayuda en el camino de la vida:

La Biblia

Tu propósito de vida, Laín García Calvo

La voz de tu alma, Laín García Calvo

Sé las manos y los pies de Cristo, Nick Vujicic

Una vida sin límites, Nick Vujicic

El poder sin límites, Tony Robbins

El Alquimista, Paulo Coelho

Servicio con pasión, Gabriel Vallejo

El Secreto, Rhonda Byrne

Películas recomendadas:

El cuarto rey mago

Klaus

La razón de estar contigo (I y II)

Cuestión de tiempo

Intensamente

Mis últimas vacaciones

El último regalo

Antes de partir

Meditaciones recomendadas para iniciar tu día:

https://www.youtube.com/watch?v=MMJJYybBBd8

https://youtu.be/AouMQBke4Aw

Conclusión

Gracias por haber llegado al final de este libro, espero que te haya gustado y te ayude a lo largo del camino de tu vida.

Ahora, sal al mundo y da todo lo mejor que tienes para ofrecer.

Da lo mejor de ti y la vida te dará lo mejor para ti.

Haz sentir a las personas que están a tu alrededor especiales y extraordinarias, el mundo te hará sentir lo especial y extraordinario que eres.

Sé el cambio que quieres ver en la vida, no esperes a que alguien más lo haga, lo que hagas tú nadie más lo hará porque tú eres único.

Ayuda a los que te rodean a encontrar su lugar en este mundo y encuentra el tuyo… descubre, crea, ama, abraza la vida y sé feliz, que hemos recibido de nuestro creador el más grande milagro y regalo llamado VIDA.

Por último, si te gustó este libro, consérvalo para que lo leas muchas veces y te acompañe siempre. Regala muchos libros de ahora en adelante, ya no regales cosas materiales, mejor regala libros que puedan cambiar la vida de las personas y vayamos juntos transformando al mundo con nuestro ejemplo y energía.

Te deseo mucha prosperidad y una vida llena de bendiciones, y que al final de tus días puedas decir: Valió la pena haber vivido todo lo que viví, todo lo que amé, todo lo que fui, me

voy lleno de amor dentro de mí porque sé que el amor vivirá
para siempre.

Un gran abrazo para ti, que Dios te bendiga.

—BERNARDO